westermann

Reinhard Rüffer

Textverarbeitung mit Word 2019

Tastschreiben, Texterfassung, Formgestaltung

1. Auflage

Bestellnummer 40822

Die in diesem Produkt gemachten Angaben zu Unternehmen (Namen, Internet- und E-Mail-Adressen, Handelsregistereintragungen, Bankverbindungen, Steuer-, Telefon- und Faxnummern und alle weiteren Angaben) sind i. d. R. fiktiv, d. h., sie stehen in keinem Zusammenhang mit einem real existierenden Unternehmen in der dargestellten oder einer ähnlichen Form. Dies gilt auch für alle Kunden, Lieferanten und sonstigen Geschäftspartner der Unternehmen wie z. B. Kreditinstitute, Versicherungsunternehmen und andere Dienstleistungsunternehmen. Ausschließlich zum Zwecke der Authentizität werden die Namen real existierender Unternehmen und z. B. im Fall von Kreditinstituten auch deren IBANs und BICs verwendet.

Die in diesem Werk aufgeführten Internetadressen sind auf dem Stand zum Zeitpunkt der Drucklegung. Die ständige Aktualität der Adressen kann vonseiten des Verlages nicht gewährleistet werden. Darüber hinaus übernimmt der Verlag keine Verantwortung für die Inhalte dieser Seiten.

BiBox westermann

inkl. E-Book

Dieses Lehrwerk ist auch als BiBox erhältlich. In unserem Webshop unter www.westermann.de finden Sie hierzu unter der Bestellnummer des Ihnen vorliegenden Bandes weiterführende Informationen zum passenden digitalen Schulbuch.

service@westermann.de
www.westermann.de

Bildungsverlag EINS GmbH
Ettore-Bugatti-Straße 6-14, 51149 Köln

ISBN 978-3-427-**40822**-2

westermann GRUPPE

Vorwort

Dieses Buch ist konzipiert für das Erlernen des Tastschreibens und der Formgestaltung mit Word 2019; alle Lernziele der Textverarbeitung werden von Anfang an Schritt für Schritt erarbeitet:

- das 10-Finger-Tastschreiben,
- die Schreib- und Gestaltungsregeln nach DIN 5008:2020,
- das Gestalten und Bearbeiten von Schriftstücken,
- die Protokollführung,
- Tabelle und Diagramm,
- Text und Grafik,
- die Textbausteinverarbeitung,
- der Serienbrief.

Die Großschreibung kann je nach Leistungsstand der Klasse zu jedem beliebigen Zeitpunkt eingeführt werden. Für die Steigerung der Schreibfertigkeit stehen von Anfang an sehr viele Wendungen und Sätze zur Verfügung. Die Briefe bilden einen Geschäftsgang (Leittext-Methode) und informieren inhaltlich über die Textverarbeitung und die Technik im Büro.

Ich wünsche Ihnen viel Erfolg.

Reinhard Rüffer

Inhaltsverzeichnis

Erarbeitung des Tastschreibens

Inhaltsverzeichnis

Der Geschäftsbrief

Notizen

Das Textverarbeitungssystem (PC)

Hardware

Mit dem Begriff „Hardware“ bezeichnet man die Bestandteile eines Textverarbeitungssystems: Zentraleinheit, CD-, DVD- oder Festplattenlaufwerk, Bildschirm, Tastatur, Maus, Drucker.

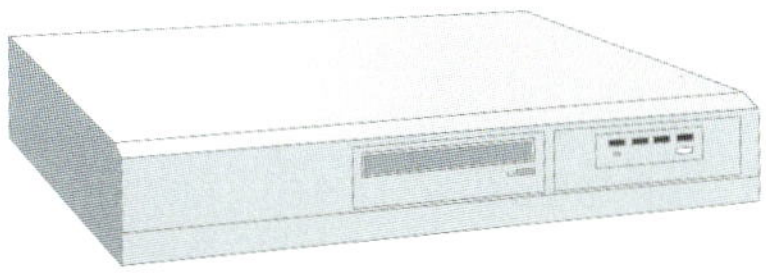

Zentraleinheit

Die Zentraleinheit besteht im Wesentlichen aus dem Mikroprozessor und den internen Speichern. Der Mikroprozessor verarbeitet die ihm von den internen Speichern zugeleiteten Daten und gibt das Ergebnis zurück. Seine Verarbeitungsgeschwindigkeit und das Fassungsvermögen der Speicher bestimmen weitgehend die Leistungsfähigkeit der Anlage.

Speichermodule

Die im Arbeitsspeicher befindlichen Daten können auf der Festplatte oder externen Datenträgern (CD, DVD, USB-Memory-Stick) gespeichert werden. Der Text wird dort dauerhaft gesichert und kann jederzeit wieder eingelesen und bearbeitet werden.

Bildschirm

Auf dem Bildschirm werden Informationen (Text und Grafik) sichtbar gemacht. Heute werden meist Flachbildschirme verwendet.

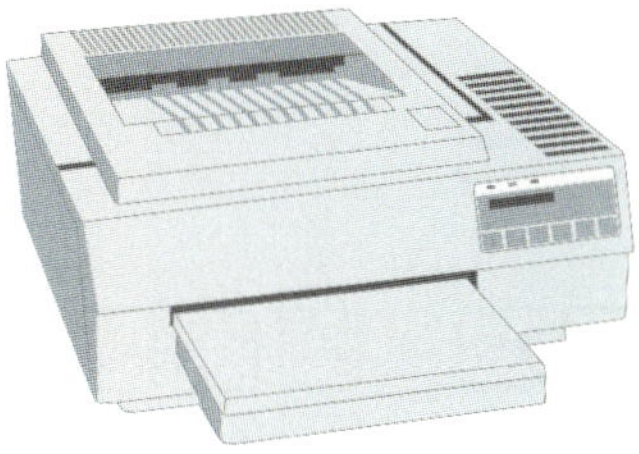

Drucker

In der Textverarbeitung werden meist Laserdrucker oder Farbstrahldrucker eingesetzt. Sie arbeiten leise und haben eine sehr gute Druckqualität.

CD und DVD

CDs und DVDs werden mit Laser beschrieben und gelesen. Die Oberflächen der Datenträger sind sehr empfindlich. Sie sind vor extremen Temperaturen, Feuchtigkeit, Staub und mechanischen Einwirkungen zu schützen.

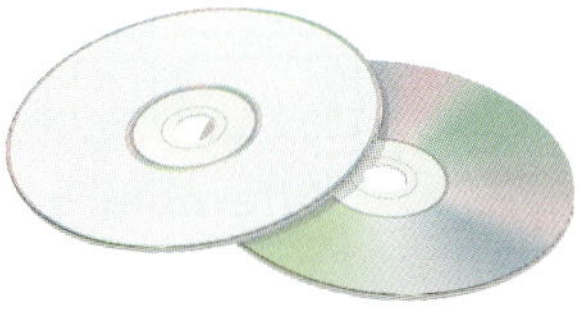

Maus

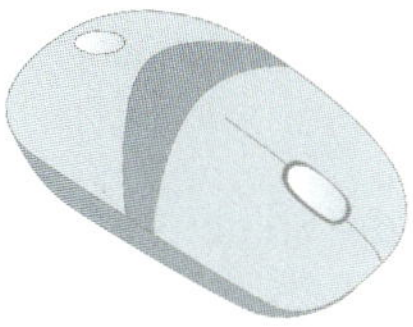

Mit der Maus kann man durch „Anklicken“ einer Menüzeile oder eines Symbols das Programm steuern oder eine Funktion auslösen. Durch Bewegen der Maus in die entsprechende Richtung bringt man den Mauszeiger an die gewünschte Position auf dem Bildschirm. Der Befehl wird in der Regel durch Betätigen der linken Maustaste ausgeführt.
Das Markieren eines Textabschnittes oder das Vergrößern einer Grafik mit der Maus erfolgt durch „Ziehen“. An der Ausgangsposition wird die linke Maustaste niedergedrückt und in dieser Stellung festgehalten – nun bewegt (zieht) man die Maus in die gewünschte Richtung – an der Endposition lässt man die linke Maustaste wieder los.

Software

Damit das Textverarbeitungssystem arbeiten kann, braucht es Informationen. Sie werden in einer Programmiersprache geschrieben und in Dateien gespeichert. Ein Paket zusammengehöriger Dateien bildet ein Programm = Software.
Man unterscheidet zwischen Systemprogrammen und Anwenderprogrammen. Das Systemprogramm (= Betriebssystem) besteht aus Organisationsprogrammen, Dienstprogrammen und Übersetzungsprogrammen. Es wird nach dem Einschalten des Textverarbeitungssystems eingelesen und macht es bereit zur Aufnahme eines Anwenderprogramms, z. B. der Textverarbeitung.

Arbeitsplatz, Körperhaltung, Tastatur, Betätigen der Tasten

Arbeitsplatz

Nicht höhenverstellbare Bildschirm-Arbeitstische sind 72 cm hoch. Der Stuhl ist höhenverstellbar, hat eine abgerundete und stoßgedämpfte Sitzfläche und eine in Höhe und Neigung verstellbare Rückenlehne. Der Bildschirm ist in direkter Blickrichtung in einer Entfernung von 40 bis 60 cm anzubringen.

Körperhaltung

Der Oberkörper ist aufrecht zu halten und wird von der Rückenlehne gestützt. Die Oberarme werden parallel zum Körper gehalten; die Unterarme sind angewinkelt und bilden mit dem Handrücken eine waagerechte Linie. Die Finger sind nur leicht gekrümmt und berühren die Tasten der Grundstellung. Die Füße stehen fest auf dem Boden.

Tastatur

Die Abbildung zeigt die Tastatur für Personal Computer/Textverarbeitungssysteme nach heutigem Standard.

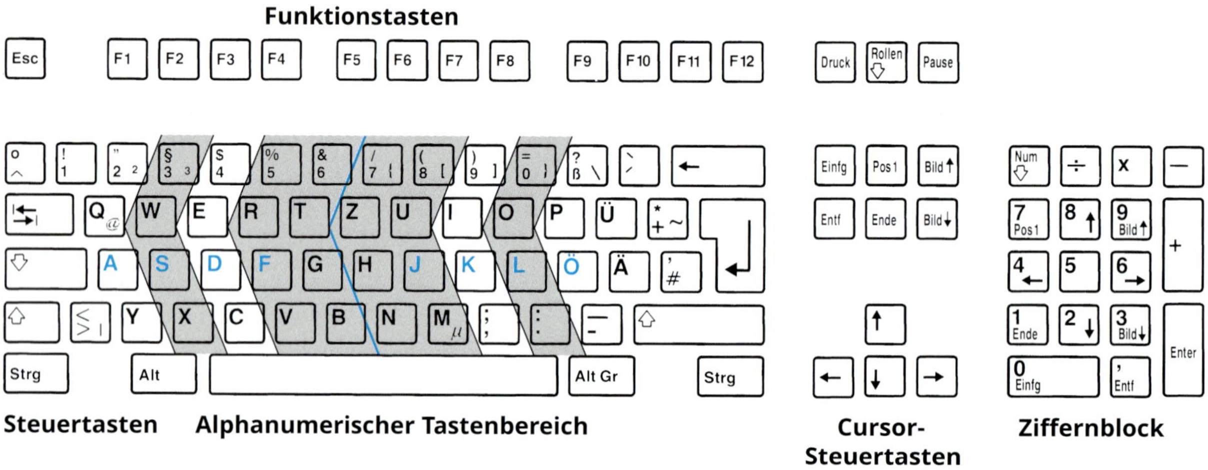

Betätigen der Schreib- und Funktionstasten

Für den Anfänger ist es wichtig, jede Taste aus der Grundstellung heraus anzuschlagen und mit dem Finger sofort in die Ausgangslage zurückzukehren – nur so bekommt er ein sicheres Gefühl für den Griffweg.

Auch die Funktionstasten sollen rationell bedient werden. Es ist immer der Finger zu wählen, der zu der Taste den kürzesten Weg hat.

Word starten

Schritt	Was müssen Sie tun?	Erläuterung
1	Computer einschalten	Windows wird geladen
2	Mit linker Maustaste anklicken: Start Alle Programme Microsoft Office Word 2019	Bildschirmanzeige: Word-Bildschirm mit leerem Dokument

A *Einfügemarke (Cursor)*
B *Multifunktionsleiste*
C *Registerkarten*
D *Befehlsgruppe*
E *Titelleiste*
F *Lineal*
G *Bildlaufleiste*
H *Statuszeile*

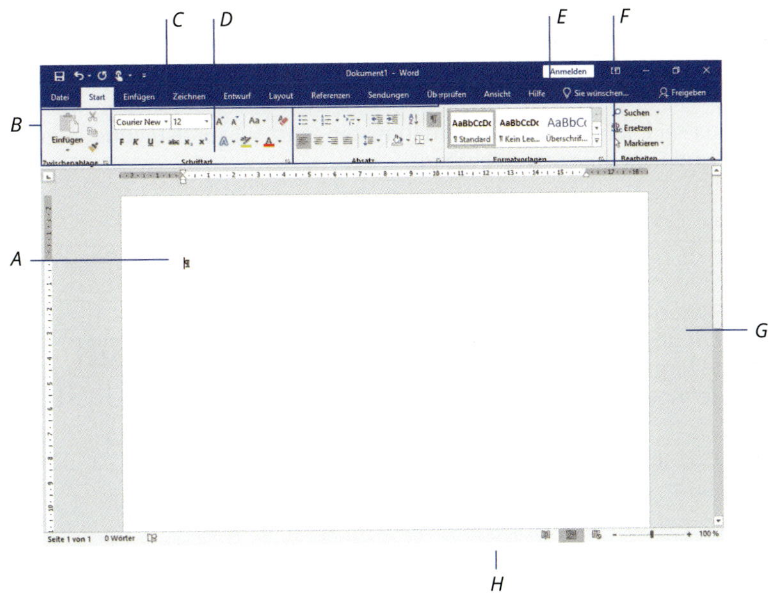

Text erfassen

Schritt	Was müssen Sie tun?	Erläuterung
1	Text fortlaufend erfassen Absatzschaltung: zweimal ↵	Den Zeilenumbruch führt Word selbstständig aus Formatvorlage: Kein Leerraum

Text speichern

Schritt	Was müssen Sie tun?	Erläuterung
1	Alt d Y2	= Datei, Speichern unter
2	c	= Dieser PC
3	Anklicken: Dokumente, Textname eingeben ↵	Text wird gespeichert

Text Drucken

Schritt	Was müssen Sie tun?	Erläuterung
1	Alt d	= Datei, Speichern unter
2	u 	= Drucken
3	u	Text wird gedruckt

Word beenden

Schritt	Was müssen Sie tun?	Erläuterung
1	Alt d	= Datei, Speichern unter
2	l	= Schließen
3	p bzw. n	p = Änderung speichern n = Änderungen nicht speichern

1 Die Grundstellung *a s d f   j k l ö* / Einstellen der Seitenränder

Einstellen der Seitenränder für die fortlaufende Texterfassung

Schritt	Was müssen Sie tun?	Erläuterung
1	[Alt] [s]	= Layout
2	[8] [b]	= Benutzerdefinierte Seitenränder ...
3	Werte eingeben: Feld „Links“: 2,5 cm Feld „Rechts“: 2,9 cm	= Linker Rand 2,5 cm = Rechter Rand 2,9 cm
4	[↵]	Seitenformat wird bestätigt

Erarbeitung: Grundstellung

Auf dem Tastenfeld hat jeder Finger seinen festen Platz = Grundstellung. Aus dieser Grundstellung heraus werden alle Schreib- und Funktionstasten betätigt.

Linke Hand Rechte Hand

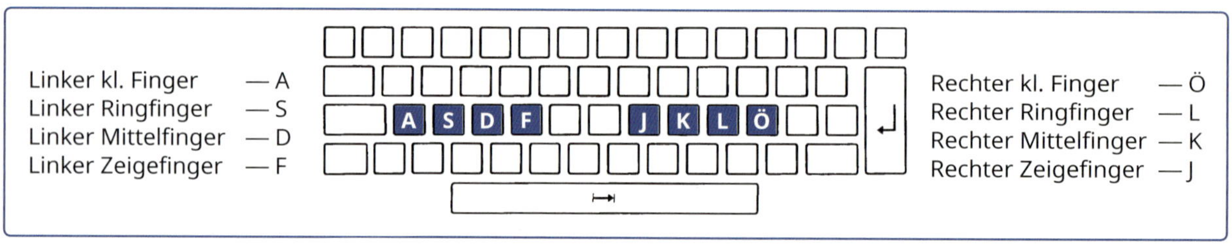

Daumen über die Leertaste

```
1  fff fff fff fff fff fff fff fff fff fff fff fff fff fff fff
2  jjj jjj jjj jjj jjj jjj jjj jjj jjj jjj jjj jjj jjj jjj jjj
3  fff jjj fff jjj fff jjj fff jjj fff jjj fff jjj fff jjj fff
4  ddd kkk ddd kkk ddd kkk ddd kkk ddd kkk ddd kkk ddd kkk ddd
5  fdf jkj fdf jkj fdf jkj fdf jkj fdf jkj fdf jkj fdf jkj fdf
6  dfd kjk dfd kjk dfd kjk dfd kjk dfd kjk dfd kjk dfd kjk dfd
7  fds jkl fds jkl fds jkl fds jkl fds jkl fds jkl fds jkl fds
8  sdf lkj sdf lkj sdf lkj sdf lkj sdf lkj sdf lkj sdf lkj sdf
9  fsf jlj fsf jlj fsf jlj fsf jlj fsf jlj fsf jlj fsf jlj fsf
10 fdsa jklö fdsa jklö fdsa jklö fdsa jklö fdsa jklö fdsa jklö
11 asdf ölkj asdf ölkj asdf ölkj asdf ölkj asdf ölkj asdf ölkj
12 asdf jklö asdf jklö asdf jklö asdf jklö asdf jklö asdf jklö
```

Übungswörter

```
13 fad fad fad fad fad fad fad lad lad lad lad lad lad lad lad
14 las las las las las las las als als als als als als als als
15 fad lad las als fad lad las als fad lad las als fad lad las
16 all all all all all all all das das das das das das das das
17 lös das lös das lös das lös das lös das lös das lös das lös
18 lös all das lös all das lös all das lös all das lös all das
```

Sicherheitsprobe

```
19 fad lad las als all das lös fad lad las als all das lös fad
20 las als all das lös fad lad las als all das lös fad lad las
21 all das lös fad lad las als all das lös fad lad las als all
```

Aufgabe: Erfassen Sie den Text mit automatischem Zeilenumbruch; schreiben Sie am Zeilenende einfach weiter. Nur am Ende jedes Absatzes betätigen Sie zweimal die Taste [↵].

Die Großschreibung / Bewegen des Cursors

Der Cursor (= Positionsmarke) zeigt die Schreibstelle auf dem Bildschirm an. In der Statusleiste am unteren Bildschirmrand kann man die genaue Cursorposition ablesen.

```
Die Positionsmarke
auf dem Bildschirm
heißt Cursor|

Seite:1  Zeile:8  Spalte:13
```

Statusleiste anpassen:

Statusleiste mit rechter Maustaste anklicken
Mit linker Maustaste markieren:

- ☑ Seitenzahl
- ☑ Zeilennummer
- ☑ Spalte

Schließen mit [Esc]

Zeile nach oben [↑]
Zeichen nach links [←] [↓] [→] Zeichen nach rechts
Zeile nach unten

Erarbeitung: Großschreibung

Für Großbuchstaben der rechten Hand:
Linker kleiner Finger

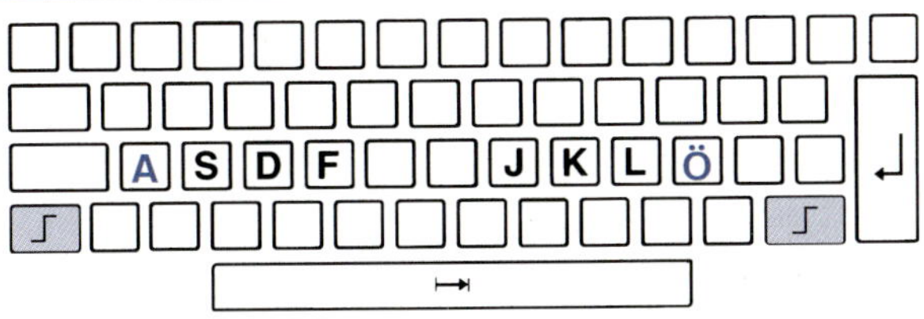

Für Großbuchstaben der linken Hand:
Rechter kleiner Finger

↓ ↑ Zeichenerklärung: ↓ = niederdrücken, ___ = anhalten, ↑ = loslassen.

Umschaltung links: ↓J↑ ↓J↑a Umschaltung rechts: ↓F↑ ↓F↑ö

1 Ja Ja Ja Ja Ja Ja Ja Ja Ja Ja Fö Fö Fö Fö Fö Fö Fö Fö Fö Fö
2 Ja Fö Ja Fö Ja Fö Ja Fö Ja Fö Ja Fö Ja Fö Ja Fö Ja Fö Ja Fö

Übungswörter (Substantive)

3 Fall Falk Fall Falk Fall Falk Fall Falk Fall Falk Fall Falk
4 Fall Falk Fall Falk Fall Falk Fall Falk Fall Falk Fall Falk

5 Jaffa Jaffa Jaffa Jaffa Jaffa Jaffa Jaffa Jaffa Jaffa Jaffa
6 Jaffa Jaffa Jaffa Jaffa Jaffa Jaffa Jaffa Jaffa Jaffa Jaffa

7 Dakka Dakka Dakka Dakka Dakka Dakka Dakka Dakka Dakka Dakka
8 Dakka Dakka Dakka Dakka Dakka Dakka Dakka Dakka Dakka Dakka

9 Kalk Kajak Kalk Kajak Kalk Kajak Kalk Kajak Kalk Kajak Kalk
10 Kalk Kajak Kalk Kajak Kalk Kajak Kalk Kajak Kalk Kajak Kalk

11 Saal Skala Saal Skala Saal Skala Saal Skala Saal Skala Saal
12 Saal Skala Saal Skala Saal Skala Saal Skala Saal Skala Saal

13 Lada Lada Lada Lada Lada Lada Lada Lada Lada Lada Lada Lada
14 Lada Lada Lada Lada Lada Lada Lada Lada Lada Lada Lada Lada

15 All Aal Alaska All Aal Alaska All Aal Alaska All Aal Alaska
16 All Aal Alaska All Aal Alaska All Aal Alaska All Aal Alaska

17 Öl Alaska Öl Alaska Öl Alaska Öl Alaska Öl Alaska Öl Alaska
18 Öl Alaska Öl Alaska Öl Alaska Öl Alaska Öl Alaska Öl Alaska

Sicherheitsprobe

19 Jaffa Fall Falk Dallas Kalk Kajak Saal Skala Lada Alaska Öl
20 Jaffa Fall Falk Dallas Kalk Kajak Saal Skala Lada Alaska Öl
21 Jaffa Fall Falk Dallas Kalk Kajak Saal Skala Lada Alaska Öl

Aufgabe: Führen Sie den Cursor mit den „Pfeiltasten" auf die gekennzeichneten Positionen. Notieren Sie jeweils die Positionsangaben aus der Informationszeile.

Der Word-Bildschirm

Den Word-Bildschirm kann man den jeweiligen Erfordernissen der Arbeit anpassen. Für den Unterricht hat sich die folgende Einstellung bewährt:

Einblenden des Lineals

(Befehl für das Ein- bzw. Ausblenden: **Alt f** anschl. **L2**)

Word-Optionen

(Befehl für das Aufrufen des Dialogs: **Alt d** anschl. **o**)

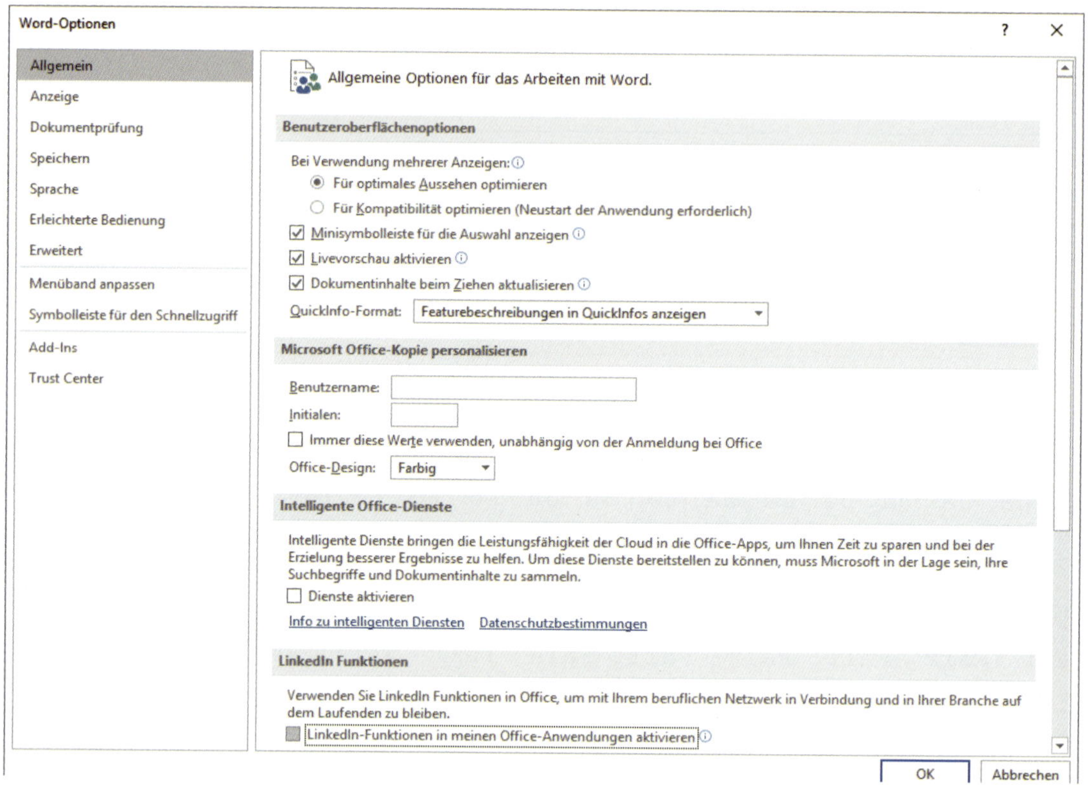

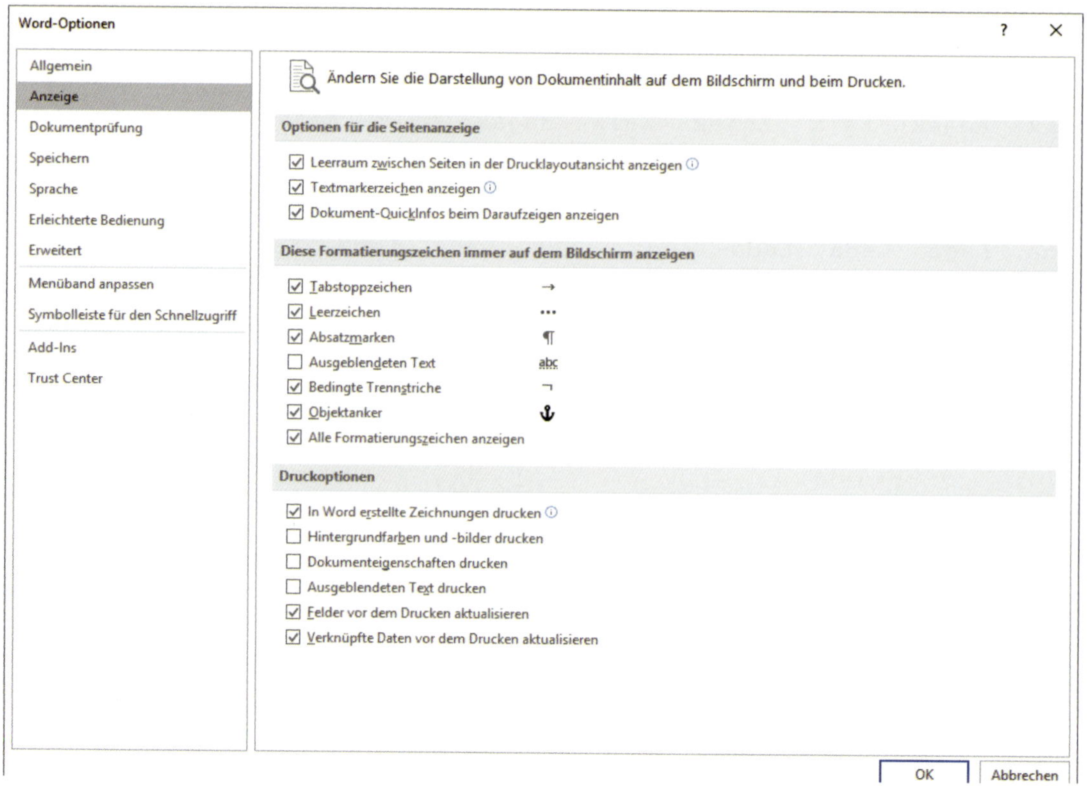

Neuen Text erfassen / Datei schließen / Text laden, bearbeiten, speichern

Neuen Text erfassen

Ein neues Textfenster wird nur nach dem Starten von Word automatisch geöffnet. Zum Erstellen weiterer Dokumente muss das Textfenster manuell geöffnet werden.

Schritt	Was müssen Sie tun?	Erläuterung
1	[Alt] [d]	= Datei
2	[n]	= Neu
3	[s]	Leeres Dokument

Datei schließen

Wenn die Arbeit mit einer Datei beendet ist, wird sie „geschlossen". In der Regel speichert man den aktuellen Stand auf der Festplatte oder einem anderen Speichermedium. Zu einem späteren Zeitpunkt kann man den Text wieder laden und bearbeiten.

Schritt	Was müssen Sie tun?	Erläuterung
1	[Alt] [d]	= Datei
2	[l]	= Schließen
3	[p] bzw. [n]	p = Änderungen speichern n = Änderungen nicht speichern

Text laden und bearbeiten

Zum Bearbeiten eines Textes muss man die Textdatei von der Festplatte oder einem anderen Speichermedium in den Arbeitsspeicher laden.

Schritt	Was müssen Sie tun?	Erläuterung
1	[Alt] [d]	= Datei
2	[f]	= Öffnen
3	Dateiname eingeben [↵]	Text wird geladen
4	Text bearbeiten	bearbeiten = verändern

Bearbeiteten Text mit gleichem Namen speichern (überschreiben)

Beim Bearbeiten wird der Text verändert. Die ursprüngliche Fassung wird mit der neuen „überschrieben", wenn man den Text mit dem gleichen Namen auf der Festplatte oder einem anderen Speichermedium speichert.

Schritt	Was müssen Sie tun?	Erläuterung
1	[Alt] [d]	= Datei
2	[c]	= Speichern

Bearbeiteten Text mit neuem Namen speichern (neue Datei)

Soll der bearbeitete Text in der ursprünglichen Fassung erhalten bleiben, dann speichert man den geänderten Text mit einem neuen Namen – es entsteht eine zweite Datei.

Schritt	Was müssen Sie tun?	Erläuterung
13	[Alt] [d] [Y2]	= Datei, Speichern unter
2	[c]	= Dieser PC
3	Neuen Namen eingeben [↵]	Text wird mit neuem Namen gespeichert, der alte Text bleibt erhalten

Aufgabe:
1. Erfassen Sie die Sicherheitsprobe der Seite 10; schließen Sie die Datei und speichern Sie den Text auf einem Speichermedium oder der Festplatte mit dem Namen *S10*.
2. Laden Sie die Datei *S10* und erfassen Sie darunter die Sicherheitsprobe der Seite 11. Speichern Sie den bearbeiteten Text auf einem Speichermedium oder der Festplatte mit dem neuen Namen *S10-11*.

Die Sofortkorrektur

Der gute Schreiber bemerkt einen Fehler sofort nach dem Fehlanschlag; der Cursor steht dann unmittelbar hinter dem falschen Zeichen.

Fehler	Rückschritttaste betätigen	Richtiges Schriftzeichen eingeben
ald	**al**	**als**

Wiederholung

1 fa jö da kö fas jöl das köl sal lös fas jöl das köl sal lös
2 ja da öd ja fad las als all das lös fad lad las als all das
3 Fall Jaffa Dallas Kalk Saal Lada Alaska Öl Falk Kajak Skala

Erarbeitung: g und h

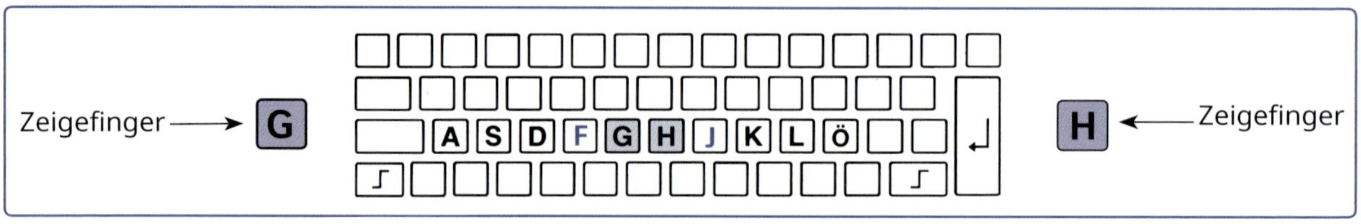

4 dfgf dfgf dfgf dfgf sfgf sfgf sfgf sfgf afgf afgf afgf afgf
5 dfgf sfgf afgf dfgf sfgf afgf dfgf sfgf afgf dfgf sfgf afgf

6 jag jag jag jag jag jag jag jag lag lag lag lag lag lag lag
7 jag lag jag lag jag lag jag lag jag lag jag lag jag lag jag

8 kjhj kjhj kjhj kjhj ljhj ljhj ljhj ljhj öjhj öjhj öjhj öjhj
9 kjhj ljhj öjhj kjhj ljhj öjhj kjhj ljhj öjhj kjhj ljhj öjhj

10 sah sah sah sah sah sah sah sah aha aha aha aha aha aha aha
11 sah aha sah aha sah aha sah aha sah aha sah aha sah aha sah

Übungswörter

12 lag lag lag lag sah sah sah sah sag sag sag sag aha aha aha
13 lag sah sag aha lag sah sag aha lag sah sag aha lag sah sag

14 fahl fahl fahl kahl kahl kahl half half half klag klag klag
15 fahl kahl half klag fahl kahl half klag fahl kahl half klag

Großbuchstaben

16 Gala Gala Gala Gala Gala Gala Glas Glas Glas Glas Glas Glas
17 Gala Glas Gala Glas Gala Glas Gala Glas Gala Glas Gala Glas

18 Gas Gas Gas Gas Gas Gas Gasöl Gasöl Gasöl Gasöl Gasöl Gasöl
19 Gas Gasöl Gas Gasöl Gas Gasöl Gas Gasöl Gas Gasöl Gas Gasöl

20 Hall Hall Hall Hall Hall Hall Hals Hals Hals Hals Hals Hals
21 Hall Hals Hall Hals Hall Hals Hall Hals Hall Hals Hall Hals

22 Haff Haff Haff Haff Haff Haff Haag Haag Haag Haag Haag Haag
23 Haff Haag Haff Haag Haff Haag Haff Haag Haff Haag Haff Haag

Aufgabe: Schreiben Sie den Text dieser Seite und berichtigen Sie Schreibfehler sofort nach dem Fehlanschlag.

Das Komma , und der Punkt. / Funktion „Hilfe“

Funktion „Hilfe“

– Fenster einblenden: F1 ; Fenster ausblenden: X

Inhaltsverzeichnis ➪ Die Hilfe-Themen sind systematisch aufgelistet – durch Mausklick aktivieren. Suchen nach ➪ Hier gibt man die Frage ein und klickt anschl. auf Suchen.

Erarbeitung: Das Komma ,

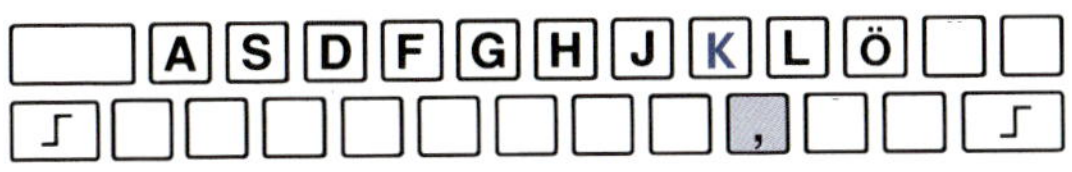

Rechter Mittelfinger

jk,k jk,k lk,k lk,k ök,k ök,k
jk,k lk,k ök,k jk,k lk,k ök,k

Satzzeichen stehen direkt hinter dem letzten Buchstaben des Wortes, dann folgt ein Leerzeichen.

Übungswörter

1 sah, all, das, lag, sag, aha, lad, fad, jag, las, lös, das,
2 als, las, lös, das, lag, sag, sah, aha, all, lad, jag, fad,

3 fahl, fahl, fahl, kahl, kahl, klag, klag, klag, half, half,
4 fahl, kahl, klag, half, fahl, kahl, klag, half, fahl, kahl,

Wendungen

5 lös das ja, das lag da, lös das ja, das lag da, lös das ja,
6 das lag da, lös das ja, das lag da, lös das ja, das lag da,

7 das da, sag ja, lös das ja, falls das half, all das lag da,
8 sag ja, das da, all das da, all das lag da, falls das half,

9 all das half, das half ja, da lag das, lös das ja, sag aha,
10 als das half, jag all das, lös das ja, da lag das, sag das,

Erarbeitung: Der Punkt.

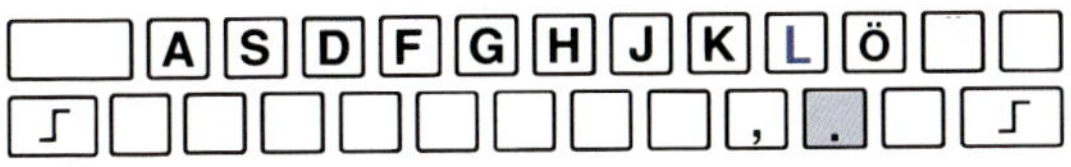

Rechter Ringfinger

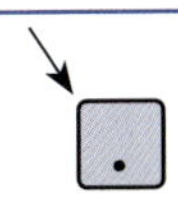

jl.l jl.l kl.l kl.l öl.l öl.l
jl.l kl.l öl.l jl.l kl.l öl.l

Übungswörter (Substantive)

11 Fall. Saal. Hall. Hals. Gala. Glas. Haff. Haag. Fall. Hall.
12 Gala. Glas. Haff. Haag. Hall. Hals. Gala. Glas. Haff. Haag.

13 Gasöl. Skala. Jaffa. Kajak. Dakka. Skala. Dallas. Alaskaöl.
14 Jaffa. Kajak. Dakka. Skala. Gasöl. Kajak. Dallas. Alaskaöl.

Sätze

15 Falk las. Das half. Sag das Ada. Da lag Alaska. Sag das ja.
16 Das half. Falk las. Alf sah das. Falk half Alf. Da lag das.

17 Da lag das Haff. Ada sah Alaska. Klas half ja. Alf sah das.
18 Klas sah Alaska. Alf sah das Öl. Falk half da. Sag das Ada.

19 Falk sah das Jagdglas. Da lag das As. Das Alaskaöl half ja.
20 Klas sah das Alaskaöl. Ada half Falk. Alf sah das Jagdglas.

Aufgabe: Betätigen Sie die Taste F1 – lesen Sie die Themen von Word Hilfe Durchsuchen.

Zeichen überschreiben

Bei Word ist der Einfügemodus die Standardeinstellung; durch Betätigen der Taste Einfg wird der Überschreibemodus eingeschaltet und auch wieder ausgeschaltet.

Fehler	Korrekturzeichen	Überschreibemodus einschalten:	Ausführen der Korrektur	
			Cursor **vor** (erstes) falsches Schriftzeichen setzen	Richtige(s) Schriftzeichen eingeben
Seide	/ f	Taste Einfg betätigen	Sei|de	Seife
Segel	├──┤ ele		Se|gel	Seele

Wiederholung

1 fad lad las lös all als lag sag sah aha jag lag sag sah aha
2 ja, da, öd, las, lös, sah, aha, sag, fahl, kahl, klag, half
3 Fall. Klas. Gala. Hall. Glas. Hals. Gas. Haff. Gasöl. Haag.

Erarbeitung: e und i

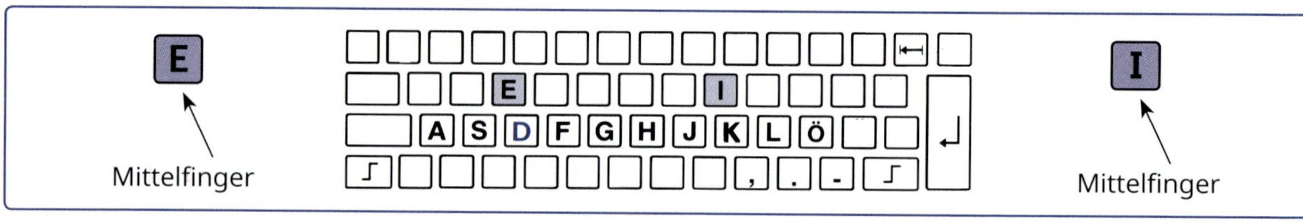

4 fded fded fded fded sded sded sded sded aded aded aded aded
5 fded sded aded fded sded aded fded sded aded fded sded aded

6 des des des des des öde öde öde öde öde ade ade ade ade ade
7 des öde ade des öde ade des öde ade des öde ade des öde ade

8 jkik jkik jkik jkik lkik lkik lkik lkik ökik ökik ökik ökik
9 jkik lkik ökik jkik lkik ökik jkik lkik ökik jkik lkik ökik

10 die die die die die sie sie sie sie sie sei sei sei sei sei
11 die sie sei die sie sei die sie sei die sie sei die sie sei

Übungswörter

12 lade lade jede jede edel edel ölig ölig agil agil lila lila
13 lade jede edel ölig agil lila lade jede edel ölig agil lila

14 feil feil lief lief seid seid dies dies heil heil lieh lieh
15 feil lief seid dies heil lieh feil lief seid dies heil lieh

16 jedes jedes ledig ledig feige feige leise leise eilig eilig
17 jedes ledig feige leise eilig jedes ledig feige leise eilig

Großbuchstaben

18 Else Else Else Else Else Else Edda Edda Edda Edda Edda Edda
19 Else Edda Else Edda Else Edda Else Edda Else Edda Else Edda

20 Elle Elle Elle Elle Elle Elle Elke Elke Elke Elke Elke Elke
21 Elle Elke Elle Elke Elle Elke Elle Elke Elle Elke Elle Elke

22 Idee Idee Idee Idee Idee Idee Ilse Ilse Ilse Ilse Ilse Ilse
23 Idee Ilse Idee Ilse Idee Ilse Idee Ilse Idee Ilse Idee Ilse

24 Igel Igel Igel Igel Igel Igel Ilka Ilka Ilka Ilka Ilka Ilka
25 Igel Ilka Igel Ilka Igel Ilka Igel Ilka Igel Ilka Igel Ilka

Aufgaben: 1. Erfassen Sie die Wendungen auf Seite 17 in der ursprünglichen Form.
2. Korrigieren Sie den Text nachträglich durch „Überschreiben“.

Cursorsprungfunktionen

Cursorsprünge

Taste	Funktion	Taste	Funktion
Strg ←	Wortweise nach links	Strg Bild ↑	Seite zurück
Strg →	Wortweise nach rechts	Strg Bild ↓	Seite vor
Strg ↑	Anfang des vorhergehenden Absatzes	Bild ↑	Bildschirmseite nach oben
Strg ↓	Anfang des nachfolgenden Absatzes	Bild ↓	Bildschirmseite nach unten
Pos1	Zeilenanfang	Strg Pos1	Textanfang
Ende	Zeilenende	Strg Ende	Textende

Übungswörter (Substantive)

1 Feld Geld Held Esel Hase Fell Liga Kali Dill Liga Kali Dill
2 Lied Leid Kiel Keil Sieg Eile Lied Leid Kiel Keil Sieg Eile

3 Falle Halle Kelle Kehle Kasse Gasse Segel Seele Hilde Hilfe
4 Eifel Feile Heide Liege Seide Seife Seile Keile Siege Kleid

5 Sessel Flegel Klasse Fassade Gisela Filiale Siegel Adelheid
6 Klasse Gisela Flegel Filiale Siegel Fassade Sessel Adelheid

Wendungen

7 es lief, lese alles, fasse es, sage das, sei agil, lage es, / ö ⌐ s
8 löse es, seid leise, lies das, sei edel, sage ade, lieh es,

9 lasse es, sei edel, sage ade, löse es, seid leise, es half, ⊢⊣ ies
10 sage ade, lies das, lasse es, lieh es, seid fidel, es lief, / f

11 sage alles, sie las das, seid edel, es gefiel, lasse es da, ⊢⊣ sah
12 seid leise, sie lieh es, löse dies, sei fidel, fasse alles,

13 lies alles, sie sah das, fasse das, es gefiel, da lief sie, ⊢⊣ fiel
14 seid leise, sie las das, es gedieh, sage dies, lasse es da,

15 sie las alles, sie las es leise, sie sah es, ehe es gefiel, ⊢⊣ las
16 es lief ideal, lasse dies alles, sie sah es, lös das alles,

17 sie sah das alles, da lief sie leise, das lief alles ideal,
18 da lief sie leise, sie sah das alles, da lief das gesellig, ⊢⊣ eilig

Sätze

		Anschl.
19	Lies die Sage. Sie lief Ski. Sage es Lisa. Das Lied gefiel.	67
20	Leihe es Ilse. Sage es Elke. Sie lief Ski. Die Lage gefiel.	67
21	Elke half Adelheid. Leihe Lisa das Geld. Sie sah das Kleid.	66
22	Sie lieh die Seife. Hilde sah das Segel. Da lag das Siegel.	65
23	Ilse gefiel die felsige Höhle. Else sah die eisige Fassade.	63
24	Gisela lieh das seidige Segel. Adelheid gefiel diese Feile.	63
25	Leihe Gisela das helle Segel. Die Filiale lieh dieses Geld.	65
26	Da lag die Seide des Kleides. Heidi gefiel dieses Jagdglas.	64
27	Hella lieh Adelheid dieses Kleid. Diese Klasse half Gisela.	65
28	Hilde gefiel die Lage des Feldes. Da lag die öde Kalkhalde.	64

Aufgabe: Bringen Sie den Cursor an den Anfang der Satzübung und springen Sie die gekennzeichneten Textstellen auf kürzestem Wege an. Wiederholen Sie das Gleiche vom Textende zum Textanfang.

Die Buchstaben *r* und *u* / Zeichen löschen

Zeichen löschen

Zu viel geschriebene Zeichen werden durch Betätigen der Taste Entf (Del) gelöscht; der folgende Text rückt automatisch nach. Der Cursor muss vor dem zu löschenden Zeichen stehen.

Fehler	Korrekturzeichen	Ausführen der Korrektur		
wurdde	/ꝺ	Cursor **vor** überflüssiges Schriftzeichen setzen	Taste Entf (Del) betätigen	Wort ist berichtigt
1. Fehler 2. Fehler 3. Fehler das sage alles	/ ∠ ∠ ꝺ	wurd|de		wurde ↑

Wiederholung

1 da das fad lad las lös lag sag sah aha fahl kahl half falls
2 die, dies, sei, seid, fiel, feil, lieh, heil, liege, leise,
3 Else. Ilse. Elke. Ilka. Die Filiale lieh Hilde dieses Geld.

Erarbeitung: r und u

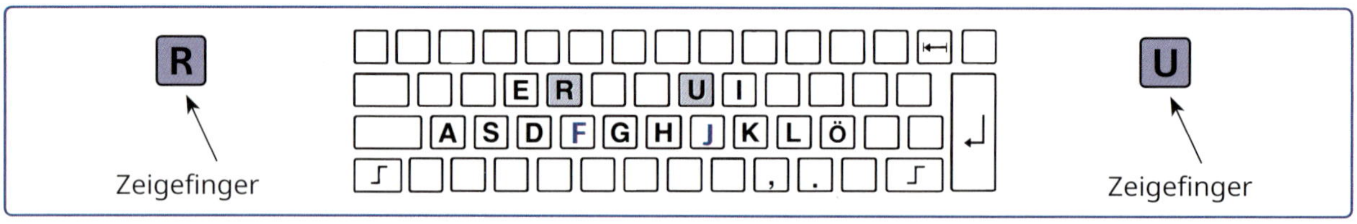

4 dfrf dfrf dfrf dfrf sfrf sfrf sfrf sfrf afrf afrf afrf afrf
5 dfrf sfrf afrf dfrf sfrf afrf dfrf sfrf afrf dfrf sfrf afrf

6 frei frei frei frei darf darf darf darf klar klar klar klar
7 frei darf klar frei darf klar frei darf klar frei darf klar

8 kjuj kjuj kjuj kjuj ljuj ljuj ljuj ljuj öjuj öjuj öjuj öjuj
9 kjuj ljuj öjuj kjuj ljuj öjuj kjuj ljuj öjuj kjuj ljuj öjuj

10 flau flau flau flau faul faul faul faul klug klug klug klug
11 flau faul klug flau faul klug flau faul klug flau faul klug

Übungswörter

12 dar dar gar gar rar rar auf auf aus aus dar gar rar auf aus
13 der der dir dir arg arg lud lud ruh ruh der dir arg lud ruh

14 frei rief darf klug faul flau rufe ruhe klug fuhr euer eure
15 rede rege eher leer sehr hier real ihre drei klug urig fuhr

16 frage freie klare karge raffe laufe kaufe dulde kluge ulkig
17 freue graue sauer ruhig hurra freue graue sauer ruhig hurra

18 er der dir ihr her hier sehr ihre jeder daher leider klarer
19 da auf aus lud ruh klug fuhr eure freue kaufe darauf daraus

Großbuchstaben

20 Rad Rad Rad Rad Rad Rad Rad Rad Reh Reh Reh Reh Reh Reh Reh
21 Rad Reh Rad Reh Rad Reh Rad Reh Rad Reh Rad Reh Rad Reh Rad

22 Ralf Ralf Ralf Rede Rede Rede Ruhe Ruhe Ruhe Ruhr Ruhr Ruhr
23 Ralf Rede Ruhe Ruhr Ralf Rede Ruhe Ruhr Ralf Rede Ruhe Ruhr

24 Ulk Ulk Ulk Ulk Ulk Ulk Ulk Ulk Uhr Uhr Uhr Uhr Uhr Uhr Uhr
25 Ulk Uhr Ulk Uhr Ulk Uhr Ulk Uhr Ulk Uhr Ulk Uhr Ulk Uhr Ulk

26 Ufer Ufer Ufer Ural Ural Ural Ulla Ulla Ulla Ulli Ulli Ulli
27 Ufer Ural Ulla Ulli Ufer Ural Ulla Ulli Ufer Ural Ulla Ulli

Aufgaben: 1. Erfassen Sie die Wendungen auf Seite 19 in der ursprünglichen Form.
2. Führen Sie die Korrekturen durch und drucken Sie den Text aus.
3. Speichern Sie den Text mit dem Namen *loesch*.

Zeichen einfügen

Bei Word ist der **Einfügemodus** die „Standardeinstellung“. Zum Einfügen eines Zeichens wird der Cursor an die Einfüge-Position gesetzt, dann wird das fehlende Zeichen eingegeben – der nachfolgende Text rückt automatisch vor.

Fehler	Korrekturzeichen	Ausführen der Korrektur		
leidr	/de	Cursor an die Einfügestelle setzen leid|r	Fehlendes Schriftzeichen eingeben: e	Wort ist berichtigt leider ↑
Segel				
1. Fehler da 2. Fehler sag 3. Fehler alle	/as /ge /es			

Übungswörter (Substantive)

1 Ader Eder Erde Rede Grad Gras Kauf Lauf Haus Laus Aula Auge
2 Frau Jura Rudi Ruhr Flur Kurs Krug Frau Jura Rudi Ruhr Flur

3 Riese Reise Leder Leser Faser Kugel Kuhle Fulda Luise Julia
4 Ruder Ursel Fuhre Kurse Dauer Feuer Gurke Rasur Ursel Kurse

5 Fehler Fahrer Siedler Kreise Krefeld Ursula Radius Reederei
6 Aufruf Ausruf Ausfuhr Glasur Klausur Kurier Freude Freilauf

Wendungen

7 höre auf, hilf ihr, rufe hurra, fahre herauf, sei geduldig,
8 löse das, fiel auf, fuhr ruhig, frage klarer, erledige das,

9 laufe herauf, kaufe hier, dulde es, frage sie, erfuhr dies,
10 erledige das, sage alles, rufe sie, kaufe das, sehr eifrig,

11 rufe sie her, sage ihr alles, frage sie hier, kaufe es dir,
12 sage ihr das, kaufe das hier, hilf ihr ruhig, höre auf sie,

13 fuhr sehr eilig, lief geduldig daher, sah sehr freudig aus,
14 gefiel ihr sehr, erledige es ruhiger, leider darf er alles,

15 sage ihr das ruhig, kaufe dir das hier, es gefiel ihr sehr,
16 frage sie das eher, hier erfuhr sie es, lege alles hierher,

17 hier sah sie alles, hilf ihr da heraus, erledige das ruhig,
18 leider darf sie es, alles sah grau aus, da half er ihr aus,

Sätze

		Anschl.
19	Öle das Rad. Kaufe die Uhr. Frage die Frau. Höre auf Klara.	67
20	Kaufe dir die Harke. Der Kurier fiel auf. Er lud alles aus.	64
21	Hier lag das Geld auf der Erde. Kaufe dir das riesige Glas.	64
22	Erhard gefiel der Segelflug. Der Siedler fuhr auf das Feld.	64
23	Sie sah das riesige Kurhaus. Ulla rief die Frau des Hauses.	64
24	Das Feuer ergriff die Halle. Dieser Lehrer sah alle Fehler.	65
25	Der Geselle rief die Fahrer. Der Ausflug gefiel Erika sehr.	65
26	Auf der Reise sah sie alles. Ursula fuhr ruhiger als Karla.	63
27	Ihr gefiel der graue Jaguar. Der Fahrlehrer sah die Gefahr.	64
28	Die Hausfrau aus Kassel sah auf der Höhe das riesige Feuer.	64
29	Klaus fuhr das ölige Fahrrad sehr leise aus der Lagerhalle.	62
30	Der eifrige Fahrlehrer half der Klasse auf der Siegesfeier.	63

Aufgaben:
1. Laden Sie den Text *loesch* und drucken Sie ihn aus.
2. Bringen Sie den Text wieder in die ursprüngliche Form:
   Korrekturzeichen auf dem Ausdruck eintragen, anschließend Korrekturen ausführen.
3. Speichern Sie den Text als neue Datei mit dem Namen *einfueg* und drucken Sie ihn aus.

5 Die Buchstaben w und o / Markieren

Markieren (nur die wichtigen Möglichkeiten)

Möchte man nur einen Teil des Textes bearbeiten (z. B. löschen, kopieren, versetzen, formatieren), dann muss man diesen Teil zuerst markieren.

F8 (zweimal) Wort markieren	Markieren mit Erweiterungsfunktion (F8)
F8 (dreimal) Satz markieren	Taste F8 betätigen
F8 (viermal) Absatz markieren	
Strg 5 (num) Gesamten Text markieren	Pfeiltasten → ← ↓ ↑ betätigen

Wiederholung

1 als das des der die ihr sie sei seid lief fiel leise liege
2 dar, gar, auf, aus, lud, flau, fuhr, klug, darauf, daraus,
3 Frau. Flur. Ruder. Rasur. Aufruf. Ausruf. Ursel erfuhr es.

Erarbeitung: w und o

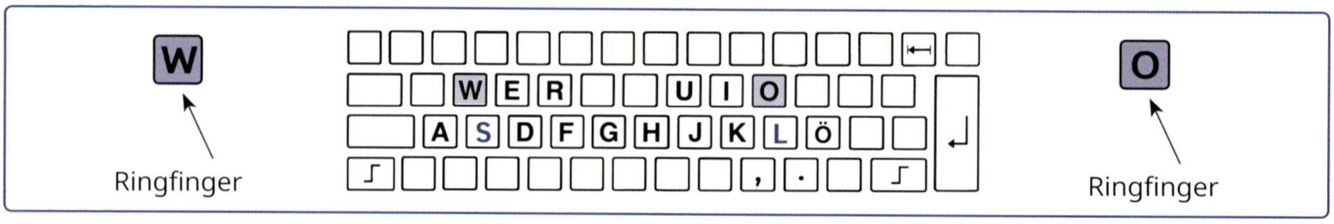

4 asws asws asws asws dsws dsws dsws dsws fsws fsws fsws fsws
5 asws dsws fsws asws dsws fsws asws dsws fsws asws dsws fsws
6 weil weil weil weil weil weil wahr wahr wahr wahr wahr wahr
7 weil wahr weil wahr weil wahr weil wahr weil wahr weil wahr
8 ölol ölol ölol ölol klol klol klol klol jlol jlol jlol jlol
9 ölol klol jlol ölol klol jlol ölol klol jlol ölol klol jlol
10 lose lose lose lose lose lose soll soll soll soll soll soll
11 lose soll lose soll lose soll lose soll lose soll lose soll

Übungswörter

12 wer wer wie wie wir wir war war log log wog wog roh roh wog
13 wer wie wir war log wog roh wog wer wie wir war log wog roh
14 welk welk wird wird will will lose lose soll soll also also
15 welk wird will lose soll also welk wird will lose soll also
16 weil weil will will ewig ewig flog flog also also wohl wohl
17 weil will ewig flog also wohl weil will ewig flog also wohl
18 werfe werde weder wider wurde loser folge woher sowie wieso
19 wahre folge werde frohe weder rolle woher sowie wieso hallo

Großbuchstaben

20 Wald Wald Wald Wald Wald Wald Wild Wild Wild Wild Wild Wild
21 Wald Wild Wald Wild Wald Wild Wald Wild Wald Wild Wald Wild
22 Werk Werk Werk Werk Werk Werk Wurf Wurf Wurf Wurf Wurf Wurf
23 Werk Wurf Werk Wurf Werk Wurf Werk Wurf Werk Wurf Werk Wurf
24 Olga Olga Olga Olga Olga Olga Oslo Oslo Oslo Oslo Oslo Oslo
25 Olga Oslo Olga Oslo Olga Oslo Olga Oslo Olga Oslo Olga Oslo
26 Olaf Olaf Olaf Olaf Olaf Olaf Oase Oase Oase Oase Oase Oase
27 Olaf Oase Olaf Oase Olaf Oase Olaf Oase Olaf Oase Olaf Oase

Aufgaben: 1. Erfassen Sie die Sätze auf Seite 21. Markieren Sie: a) ein Wort, b) einen Satz, c) einen Absatz, d) den gesamten Text, e) die ersten sechs Zeilen.
2. Speichern Sie den Text mit dem Namen *markiere*.

Textteil löschen

Textteil löschen — Korrekturzeichen: ⊢⊣ꝺ

Textteil endgültig löschen	**Textteil in den „Zwischenspeicher“ löschen**
1. Textteil markieren	1. Textteil markieren
2. Taste [Entf] betätigen	2. Tasten [Shift] [Entf] betätigen
Der Textteil ist endgültig gelöscht; bei versehentlichem Löschen sofort danach [Strg] [z] betätigen (Befehl rückgängig machen).	Der Textteil kann aus dem Zwischenspeicher durch Betätigen der Tasten [Shift] [Einfg] an der jeweiligen Cursor-Position wieder eingefügt werden.

Übungswörter (Substantive)

Wall Wahl Wolf Wohl Wade Wege Silo Solo Sold Gold Oder Oker
Rohr Kohl Rolf Wolf Oder Oker Dose Lose Gold Golf Oase Oslo

Weide Weise Welle Wille Willi Wiese Waage Waffe Werke Juwel
Orgel Oskar Folge Kohle Sorge Sohle Welle Wolle Wolke Wohle

Koffer Rodler Jodler Rekord Erfolg Forelle Seerose Freilose
Wollkleid Werkhalle Wasserwerfer Wasserskilauf Rekordfahrer

Wendungen

will es, war hier, wieder da, sag hallo, wie sie, war froh,
war weg, log also, ewig welk, folge ihr, war los, log wohl,

wirf das her, war wohl weg, es wird so, war wieder wohlauf,
rolle es aus, hole sie her, so oder so, fordere sie heraus,

wurde wolkig, flog ruhiger, alles wohlauf, fahre geradeaus,
flog sorglos, erwidere das, wieder wellig, gehe freiwillig,

lief sorglos daher, fordere es heraus, flog wohl geradeaus,
war wieder wohlauf, erwidere es daher, war freiwillig hier,

war sowieso klar, fuhr widerwillig los, wird wieder wolkig,
erwidere dies so, hole es alles heraus, lief sorglos daher,

wiederhole es hier, werde wieder froh, wird wohl waghalsig,
erwidere ihr daher, fordere es wieder, will freiwillig weg,

Sätze

Er sah die Seerose. Das Ruder war los. Uwe half freiwillig.
Der Wolf war hier. Der Jogger lief los. Die Dohle flog weg.
Auf diese Weise wird er klug. Rolf war ~~also wieder~~ wohlauf. ⊢⊣ꝺ

Lore will das helle Wollkleid. Er lieh ihr arglos das Geld.
Lege die Forelle auf die Waage. Das Wasser war ~~wieder~~ klar. ⊢⊣ꝺ
Der ~~wilde~~ Fahrer fuhr erfolglos. Oswald rief die Feuerwehr. ⊢⊣ꝺ

Das Wasser war da. Hole die Wasserwerfer ~~aus der Werkhalle~~. ⊢⊣ꝺ
Der wilde Löwe lag auf der Wiese. Das Rudel Wölfe lief weg.
Der Sieg ~~der Radfahrer~~ wurde wahr. Oskar war die Sorge los. ⊢⊣ꝺ

Die Feuerwehr ~~aus Goslar~~ half Oswald wieder aus der Gefahr. ⊢⊣ꝺ
Auf diese Weise erfuhr er, wer der Fahrer ~~dieses Rades~~ war. ⊢⊣ꝺ
Der waghalsige Wasserskifahrer fuhr Rekorde auf wilder See.

Aufgaben: 1. Laden Sie den Text *markiere* (obige Sätze in der ursprünglichen Form).
2. Führen Sie die Autorenkorrekturen durch und drucken Sie den Text aus.
3. Speichern Sie den korrigierten Text als neue Datei mit dem Namen *loesch*.

6 Die Buchstaben t und z / Wörter umstellen

Wörter umstellen — Korrekturzeichen:

Schritt	Was müssen Sie tun?	Erläuterung
1	Wort markieren: Taste F8 zweimal betätigen	Das Wort ist markiert
2	Wort in den Zwischenspeicher löschen: Tasten Shift Entf betätigen	Das Wort befindet sich jetzt im Zwischen-speicher
3	Wort aus dem Zwischenspeicher einfügen: Cursor an Einfüge-Position bringen Tasten Shift Einfg betätigen	Das Wort wird an der Cursor-Position eingefügt

Wiederholung

1 der dir dar auf aus rufe rauh urig fuhr ruhig darauf daraus
2 log, wo, wog, woher, wieso, sowieso, wohl, wohlauf, wolkig,
3 Rolf wog die Koffer. Oskar flog los. Der Erfolg wurde wahr.

Erarbeitung: t und z

4 dfrf dfrf dftf dftf sfrf sfrf sftf sftf afrf afrf aftf aftf
5 dfrf dftf sfrf sftf afrf aftf dfrf dftf sfrf sftf afrf aftf

6 ruft ruft ruft laut laut laut kalt kalt kalt halt halt halt
7 ruft laut kalt halt ruft laut kalt halt ruft laut kalt halt

8 kjuj kjuj kjzj kjzj ljuj ljuj ljzj ljzj öjuj öjuj öjzj öjzj
9 kjuj kjzj ljuj ljzj öjuj öjzj kjuj kjzj ljuj ljzj öjuj öjzj

10 zwei zwei zwei zwar zwar zwar kurz kurz kurz dazu dazu dazu
11 zwei zwar kurz dazu zwei zwar kurz dazu zwei zwar kurz dazu

Übungswörter

12 oft fort hat hast ist gilt gut ruht zur zwar zwei zage zöge
13 hat fast ist fest oft dort tat sagt gut geht hegt zwar zart

14 fort ruft tief traf erst fast fest hart zart zwei kurz dazu
15 ruft zart sagt wozu traf dazu erst kurz dort zart dort hart

16 leite teile teuer heute stehe ziele ziehe zeige zahle zarte
17 jetzt setzt sitzt ritzt trotz heizt zahlt zeigt ziert reizt

18 heiter fertig liefert fordert geteilt geregelt festgestellt
19 witzig zeitig gezielt zertrat gezeigt zersetzt freigestellt

Großbuchstaben

20 Tal Tal Tal Tal Tau Tau Tau Tau Tor Tor Tor Tor Tag Tag Tag
21 Tal Tau Tor Tag Tal Tau Tor Tag Tal Tau Tor Tag Tal Tau Tor

22 Tier Tier Tier Teil Teil Teil Tour Tour Tour Torf Torf Torf
23 Tier Teil Tour Torf Tier Teil Tour Torf Tier Teil Tour Torf

24 Zar Zar Zar Zar Zeh Zeh Zeh Zeh Zug Zug Zug Zug Zoo Zoo Zoo
25 Zar Zeh Zug Zoo Zar Zeh Zug Zoo Zar Zeh Zug Zoo Zar Zeh Zug

26 Zahl Zahl Zahl Ziel Ziel Ziel Zeit Zeit Zeit Zelt Zelt Zelt
27 Zahl Ziel Zeit Zelt Zahl Ziel Zeit Zelt Zahl Ziel Zeit Zelt

Aufgaben: 1. Erfassen Sie die Übungswörter in der ursprünglichen Form.
2. Führen Sie die Autorenkorrekturen durch und drucken Sie den Text aus.

Zusammenfassung der Korrektur

Zusammenfassung: Korrektur durch Löschen, Einfügen, Überschreiben

Fehler	Korrekturzeichen	Bedeutung	Fehler	Korrekturzeichen	Bedeutung
zu~~e~~rst	/ ß	Zeichen löschen	korrigirt	/ ie	Zeichen einfügen
als ~~wie~~ du	⊢⊣ ß	Wort löschen	war / gut	/ immer	Wort einfügen
seit dem		Leerzeichen löschen	soweit		Leerzeichen einfügen

Übungswörter (Substantive)

1 Heft Gift Duft Luft Fest Rest Falz Filz Harz Herz Geiz Reiz
2 Satz Witz Arzt Wert Wort Takt Satz Witz Arzt Wert Wort Takt

3 Stadt Start Taste Worte Karte Kreuz Walze Sturz Stolz Zitat
4 Katze Litze Witze Zitat Stolz Sturz Walze Kreuz Katze Witze

5 Wörter Leiter Ersatz Wahrheit Freiheit Eitelkeit Heiterkeit
6 Steuer Zusatz Gesetz Flugzeug Flugziel Zielfahrt Fertigkeit

Wendungen

7 stellt fest, steht still, ist stolz, zahlt heute, geht gut,
8 hielt jetzt, zögert kurz, war teuer, sagte etwas, traf oft,

9 fast fertig, stark gereizt, zuerst gezeigt, etwas gezögert,
10 dazu gesagt, stets zuletzt, sofort zerlegt, alles geregelt,

11 sieht gut aus, sagt fest zu, steht kurz auf, holt weit aus,
12 teilt das auf, war oft dort, sitzt sehr gut, geht weit auf,

13 zeigt es zuletzt, geht jetzt weiter, wird sofort aufgelöst,
14 ist sehr gereizt, forderte dazu auf, regelt es kurzfristig,

15 hat oft gezögert, ist dort zu teuer, hat dazu aufgefordert,
16 regelte es heute, sitzt jetzt still, hatte alles skizziert,

Sätze

17 Der Steuersatz wird erhöht. Die Wetterkarte zeigt das Tief.
18 Das Holz ist ~~dort~~ zu teuer. Sie zeigt ihr stolz die Skizze. ⊢⊣ hier
19 Die Sorte ist sehr gefragt. Der Aufsatz war ~~lei~~der zu kurz. ⊢⊣ wie

20 Die teure ~~Rot~~wurst ist /salzig. Theo reagierte sehr gereizt. ⊢⊣ W / zu
21 Der Arzt hatte alles geregelt. Erst jetzt sagte Gertrud zu.
22 Zuerst zerlegte er die Leiter. Das Werkzeug wurde zerstört.

23 Da der Tarif ~~heute~~ erhöht wurde, reagierte er sehr gereizt. ⊢⊣ jetzt
24 Erst als sie die Zusage erhielt, setzte sie die Reise fort. / l
25 Weil Trude ~~stets~~ zuletzt zahlte, war Dorothea /etwas erregt. ⊢⊣ ß / immer

26 Das Ersatzteil wurde der Werkstatt erst heute ausgeliefert. / ß
27 Der Start des Flugzeuges aus Stuttgart erfolgt kurzfristig.
28 Der Zeuge hat die Zufahrt zur Zweigstelle sofort skizziert.

29 Auf der Feier löste ~~der~~ Witz sofort ~~weitere~~ Heiterkeit aus. ⊢⊣ dieser ⊢⊣ viel
30 Der Leiter des Theaters hat die Kritiker dazu aufgefordert.
31 Trotz der Hitze wird die Wettfahrt kurzfristig fortgesetzt.

Aufgaben:
1. Erfassen Sie die Sätze in der ursprünglichen Form – danach Korrekturen ausführen und Text drucken.
2. Bringen Sie den Text wieder in die ursprüngliche Form:
   Korrekturzeichen auf dem Ausdruck eintragen, anschließend Korrekturen ausführen.

7 Die Buchstaben *v* und *m* / Einstellen der Schriftart und -größe

Einstellen der Schriftart und der Schriftgröße (Teilung)

Schritt	Was müssen Sie tun?	Erläuterung
1	Strg Shift a	= Schriftart
2	Schriftart wählen	Im Feld „Schriftart“
3	Tab-Taste zweimal betätigen	Cursor im Feld „Größe“
4	Schriftgröße wählen ↵	Im Feld „Größe“ Schriftart und -größe sind eingestellt

Wiederholung

1 wer wie wir los log wog roh weil will soll also wieso woher
2 oft, ist, hat, zur, kurz, dazu, zertrat, gezeigt, zersetzt,
3 Das Holz ist teuer. Sie zeigt es stolz. Das Zitat ist kurz.

Erarbeitung: v und m

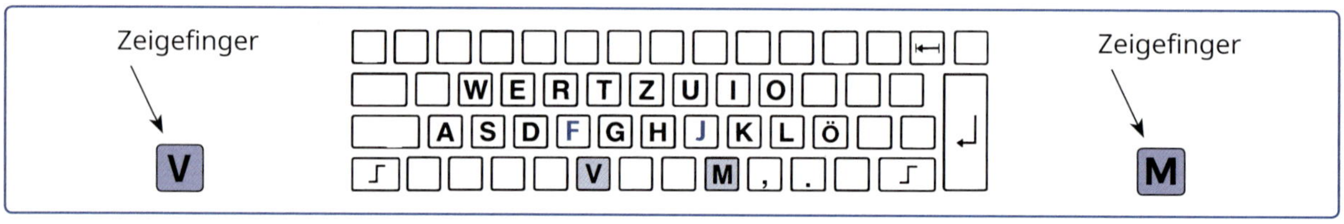

4 dfvf dfvf dfvf dfvf sfvf sfvf sfvf sfvf afvf afvf afvf afvf
5 dfvf sfvf afvf dfvf sfvf afvf dfvf sfvf afvf dfvf sfvf afvf

6 vage vage vage vier vier vier voll voll voll viel viel viel
7 vage vier voll viel vage vier voll viel vage vier voll viel

8 kjmj kjmj kjmj kjmj ljmj ljmj ljmj ljmj öjmj öjmj öjmj öjmj
9 kjmj ljmj öjmj kjmj ljmj öjmj kjmj ljmj öjmj kjmj ljmj öjmj

10 möge möge möge male male male mehr mehr mehr mild mild mild
11 möge male mehr mild möge male mehr mild möge male mehr mild

Übungswörter

12 vor vor vor vom vom vom mal mal mal mir mir mir mit mit mit
13 vor vom mal mir mit vor vom mal mir mit vor vom mal mir mit

14 viele viele volle volle davor davor merke merke mutig mutig
15 viele volle davor merke mutig viele volle davor merke mutig

16 kursiv kursiv hervor hervor gefilmt gefilmt umrahmt umrahmt
17 kursiv hervor kursiv hervor gefilmt umrahmt gefilmt umrahmt

18 vielem vielem massiv massiv vermute vermute vormals vormals
19 vielem massiv vielem massiv vermute vormals vermute vormals

Großbuchstaben

20 Vase Vase Vase Volk Volk Volk Vers Vers Vers Volt Volt Volt
21 Vase Volk Vers Volt Vase Volk Vers Volt Vase Volk Vers Volt

22 Villa Villa Villa Vogel Vogel Vogel Vaduz Vaduz Vesuv Vesuv
23 Villa Vogel Vaduz Vesuv Villa Vogel Vaduz Vesuv Villa Vogel

24 Maus Maus Maus Mars Mars Mars Mehl Mehl Mehl Moor Moor Moor
25 Maus Mars Mehl Moor Maus Mars Mehl Moor Maus Mars Mehl Moor

26 Marke Marke Markt Markt Miete Miete Miete Motor Motor Motor
27 Marke Markt Miete Motor Marke Markt Miete Motor Marke Markt

Beachte: Bei einer nachträglichen Änderung der Schriftart und/oder des Schriftgrades muss der entsprechende Textteil zuvor markiert werden!

Schriftarten, -größen, -stile

Kl. Druckschrift
Cubic
Schmale Congress
Classic-Gothic
OCR B
Plakat

Schriftarten, -größen, -stile

Die am meisten verwendeten Schriftarten am Computer sind Arial und Times (Proportionalschriften). Zu kleine Schriftgrößen (unter 10 Punkt) und ausgefallene Schriftarten (z. B. Schreibschrift) und Schriftstile (Kapitälchen) sind zu vermeiden, weil sie schlechter lesbar sind.

Arial	10 Punkt
Arial	12 Punkt
Arial	14 Punkt
Courier	12 Punkt
Times	12 Punkt

Übungswörter **(Substantive)**

1 Vater Verse Havel Jever Kurve Marke Meter Meile Meere Motor
2 Villa Maler Verse Meile Havel Meere Jever Marke Kurve Summe

3 Völker Vetter Mittel Mittag Verkehr Vertrag Mitlaut Mitleid
4 Visite Devise Umsatz Umkehr Vorlage Vermerk Musiker Vertrag

5 Volker Markus Vertrag Meister Mitglied Vertreter Mittelmeer
6 Devise Umsatz Vermerk Verkehr Medaille Vormittag Vermittler

Wendungen

7 viel mehr, vor allem, kam herum, kommt hervor, meist davor,
8 sehr voll, mit jedem, mag alles, merkt vieles, immer mutig,

9 völlig fremd, viel verkauft, immer vertagt, darum vermerkt,
10 stimmt immer, voll versorgt, meist verjagt, davor verklagt,

11 vermietet vieles, versteuert aufmerksam, verreist mehrmals,
12 verfliegt vorher, vermittelt wiederholt, verfilmt geduldig,

13 verkauft viel mehr, merkt meist alles, vertraut ihm weiter,
14 versteht sehr viel, kommt mutig daher, markiert das vorher,

15 mehrmals vorgelegt, gezielt ermittelt, geduldig verkraftet,
16 trotzdem vermietet, hiermit vereitelt, mehrmals vermittelt,

Sätze

		Anschl.
17	Der Meister ist verstimmt. Die Miete wurde mehrmals erhöht.	63
18	Dieser Vertrag ist geheim. Die Firma versteuert die Erlöse.	64
19	Markus verkauft die Filme. Vera verlor die wertvolle Maske.	63
20	Der Verkehr wurde umgeleitet. Die Kurve ist darum markiert.	63
21	Maria vertraut dem Vertreter. Der Vermittler kam aus Jever.	64
22	Vera verreist mit der Mutter. Volker filmt die zahme Amsel.	63
23	Der fremde Maler war am Samstag mit dem Verleger im Museum.	64
24	Volker hört dem Leiter des Steueramtes immer aufmerksam zu.	62
25	Der Filmverleih vermietet seit kurzem immer mehr Lehrfilme.	62
26	Die Firma verkaufte diese Marke mehrmals mit hohem Verlust.	63
27	Der Makler vermittelte dem Musiker die Villa am Mittelmeer.	64
28	Der Umsatz des Verlages war im Mai viel höher als je zuvor.	63
29	Das Verkehrsamt mietete viele Zimmer im Haus des Verlegers.	64
30	Der Musikverlag vermittelte dem Trommler mehrere Auftritte.	63
31	Volkmar lieh dem Maurermeister aus Vaduz die gesamte Summe.	63

Aufgabe: Schreiben Sie die „Sätze“ absatzweise mit wechselnden Schriftarten und -größen.

Die Buchstaben *b* und *n* / Einstellen des Zeilenabstandes

Einstellen des Zeilenabstandes

Schritt	Was müssen Sie tun?	Erläuterung
1	Alt r	= Start
2	n z	= Absatz, Zeilenabstand
3	Zeilenabstand wählen ↤	Zeilenabstand ist eingestellt

Wiederholung

1 fast fest fort kurz dazu wozu jetzt setzt sitzt ritzt trotz
2 vier, viele, merke, volle, mutig, vermute, massiv, vormals,
3 Vera verreist heute. Maria malt viel. Volkmar vertraut ihm.

Erarbeitung: **b und n**

4 dfvf dfbf dfvf dfbf sfvf sfbf sfvf sfbf afvf afbf afvf afbf
5 dfvf dfbf sfvf sfbf afvf afbf dfvf dfbf sfvf sfbf afvf afbf
6 bald bald bald halb halb halb aber aber aber habe habe habe
7 bald halb aber habe bald halb aber habe bald halb aber habe
8 kjmj kjnj kjmj kjnj ljmj ljnj ljmj ljnj öjmj öjnj öjmj öjnj
9 kjmj kjnj ljmj ljnj öjmj öjnj kjmj kjnj ljmj ljnj öjmj öjnj
10 jene jene jene ohne ohne ohne fand fand fand lang lang lang
11 jene ohne fand lang jene ohne fand lang jene ohne fand lang

Übungswörter

12 bis bis bis gib gib gib nur nur nur ein ein ein bin bin bin
13 bis gib nur ein bin bis gib nur ein bin bis gib nur ein bin
14 bist bist gibt gibt nein nein sind sind oben oben bunt bunt
15 bist gibt nein sind oben bunt bist gibt nein sind oben bunt
16 beide bitte breit klebt wirbt neuer neuen ihnen innen gegen
17 blank bangt blond blind nobel neben haben heben geben leben
18 binden bitten beiden bleiben befallen angefallen abgefallen
19 bilden bunten werben beraten befahren angefahren abgefahren

Großbuchstaben

20 Ball Ball Ball Band Band Band Bahn Bahn Bahn Bank Bank Bank
21 Ball Band Bahn Bank Ball Band Bahn Bank Ball Band Bahn Bank
22 Biene Biene Biene Birne Birne Birne Boden Boden Bogen Bogen
23 Biene Birne Boden Bogen Biene Birne Boden Bogen Biene Birne
24 Nerz Nerz Nerz Netz Netz Netz Nora Nora Nora Nina Nina Nina
25 Nerz Netz Nora Nina Nerz Netz Nora Nina Nerz Netz Nora Nina
26 Nadel Nadel Nadel Nagel Nagel Nagel Notar Notar Noten Noten
27 Nadel Nagel Notar Noten Nadel Nagel Notar Noten Nadel Nagel

Beachte: Bei einer nachträglichen Änderung des Zeilenabstandes muss der entsprechende Textteil zuvor markiert werden!

Darstellung der Zeilenabstände

Zeilenabstand 1	Zeilenabstand 1 1/2	Zeilenabstand 2
Zeilenabstand 1 Zeilenabstand 1 Zeilenabstand 1 Zeilenabstand 1 Zeilenabstand 1	Zeilenabstand 1 1/2 Zeilenabstand 1 1/2 Zeilenabstand 1 1/2	Zeilenabstand 2 Zeilenabstand 2 Zeilenabstand 2

Übungswörter **(Substantive)**

1 Kalb Korb Dieb Hieb Rebe Robe Sand Rand Wand Land Hand Zahn
2 Bonn Note Bund Neid Bein Nase Burg Nest Berg Nerz Brei Neid

3 Farbe Körbe Hebel Hobel Robbe Lende Linde Kunde Sinne Sonne
4 Knabe Narbe Besen Reben Bohne Boten Bande Binde Benno Bernd

5 Balken Barren Zugaben Eingaben Ereignis Erlaubnis Besorgnis
6 Blumen Beeren Bildung Benotung Erholung Befragung Bedingung

Wendungen

7 fing an, bis bald, gibt hin, ohne uns, ganz neu, ging rund,
8 hebt ab, von oben, sind neu, ging hin, fing ihn, ganz bunt,

9 dankt allen, bleibt dabei, benotet beide, befördert selbst,
10 klebt lange, bringt genug, beginnt heute, beleidigt keinen,

11 wenn sie beraten, bis heute unbekannt, ganz besonders nett,
12 gibt nie bekannt, von innen behandelt, ging hinterher rund,

13 bis morgen Abend, bleibe selbst dabei, beginne lieber oben,
14 bin selbst dabei, bringt andere heran, beweise beides bald,

15 kann nun brennen, bringt beide herein, bleiben bald stehen,
16 fand uns gestern, bittet lange vorher, gelingt dann beiden,

Sätze

Anschl.

17 Den Betrag werden wir stunden. Der Winzer lobt seine Weine. 64
18 Die Bienen beginnen zu summen. Die Bananen wurden bestellt. 63
19 Benno verknotet den Bindfaden. Sabrina bringt das Farbband. 63

20 Ob Bernd zustimmen wird, können wir erst Dienstag erfahren. 62
21 Wenn uns Ihre Brillen zusagen, werden wir sofort bestellen. 62
22 Obwohl diese Werbung sehr gut ist, bleiben die Erfolge aus. 62

23 Bei diesen Bedingungen erhalten Sie von uns keinen Auftrag. 63
24 Die Bundesbank wollte den Diskontsatz Ende Februar erhöhen. 64
25 Diese Ausgaben können Sie bei der Einkommensteuer absetzen. 63

26 Wir werden Ihnen die Sendung bis Sonnabend zukommen lassen. 63
27 Die Kunden bekommen die Markenbutter aus dem Sonderangebot. 63
28 Die Farben geben diesem Briefblatt die ganz besondere Note. 63

29 Der Burgberg in Bad Harzburg ist unser heutiges Wanderziel. 64
30 Die Kinder nehmen den Bahnbus von Vienenburg bis Braunlage. 63
31 Im Oktober werden wir uns in Bremen oder in Berlin treffen. 63

Aufgabe: Schreiben Sie die Übungswörter dieser Seite mit Zeilenabstand 1, die Wendungen mit Zeilenabstand 1½ und die Sätze mit Zeilenabstand 2.

9 Die Buchstaben *c* und *x* / Einstellen der Seitenlänge

Einstellen der Seitenlänge (oberer und unterer Rand) für das Format A4

Schritt	Was müssen Sie tun?	Erläuterung
1	Alt s	= Layout
2	t	= Seite einrichten . . .
3	Werte eingeben: Alt o 1,5 cm (oben) Alt u 2 cm (unten)	 = Schreibbeginn 5. Schreibzeile = Unterer Rand 5 Schreibzeilen
4	↵	Seitenformat wird bestätigt

Wiederholung

1 vor vom dem zum viel voll mehr mild vormals verarmt umrahmt
2 bis, bei, nur, nun, gibt, lebt, oben, toben, neben, kleben,
3 Sie kommen selbst. Er beginnt oben. Bernd bestellt es bald.

Erarbeitung: c und x

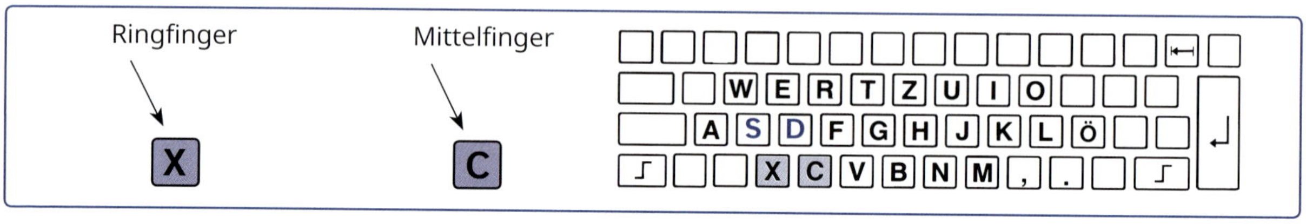

4 fdcd fdcd fdcd fdcd sdcd sdcd sdcd sdcd adcd adcd adcd adcd
5 fdcd sdcd adcd fdcd sdcd adcd fdcd sdcd adcd fdcd sdcd adcd

6 dich dich dich dich dich dich echt echt echt echt echt echt
7 dich echt dich echt dich echt dich echt dich echt dich echt

8 asxs asxs asxs asxs dsxs dsxs dsxs dsxs fsxs fsxs fsxs fsxs
9 asxs dsxs fsxs asxs dsxs fsxs asxs dsxs fsxs asxs dsxs fsxs

10 mixt mixt mixt mixt mixt mixt boxt boxt boxt boxt boxt boxt
11 mixt boxt mixt boxt mixt boxt mixt boxt mixt boxt mixt boxt

Übungswörter

12 dicht nicht recht lacht macht sacht mixen boxen exakt extra
13 schön boxte rasch mixte schon hexte flach extra lacht exakt

14 necken necken locken locken fixiert fixiert taxiert taxiert
15 locker extrem suchen extern richtig kraxeln wichtig maximal

16 löschen löschen richten richten texten texten boxten boxten
17 schauen vermixt horchen taxiert wecken extern suchen extrem

18 schicken scherzen schenken fixierbar exklusiver extravagant
19 fachlich exklusiv sachlich flexibler freundlich exzellenter

Großbuchstaben

20 Cent Cent Cent Chef Chef Chef Chor Chor Chor Chur Chur Chur
21 Cent Chef Chor Chur Cent Chef Chor Chur Cent Chef Chor Chur

22 Chile Chile Chile China China China Chrom Chrom Chlor Chlor
23 Chile China Chrom Chlor Chile China Chrom Chlor Chile China

24 Xaver Xaver Xaver Xaver Xaver Xenia Xenia Xenia Xenia Xenia
25 Xaver Xenia Xaver Xenia Xaver Xenia Xaver Xenia Xaver Xenia

26 Xanten Xanten Xanten Xaver Xaver Xaver Xerxes Xerxes Xerxes
27 Xanten Xaver Xerxes Xanten Xaver Xerxes Xanten Xaver Xerxes

Aufgabe: Erfassen Sie den Text dieser Seite mit den Maßen für das Format A4 (s. oben) und drucken Sie den Text auf einem Blatt A4 aus.

Neue Seite

Die Anzahl der Schreibzeilen pro Seite wird bei der Festlegung des Formates bestimmt. Nach Erreichen des Seitenendes erscheint im Text automatisch eine Markierung für die nächste Seite.

.... Seitenumbruch ....

Soll schon früher eine neue Seite begonnen werden, ist der Befehl „Neue Seite“ durch Betätigen der Tasten [Strg] [↵] einzugeben. Befehl rückgängig machen: Cursor an Seitenanfang – Taste [←] betätigen.

Übungswörter (Substantive)

1 Deck Reck Dach Fach Buch Tuch Haxe Hexe Taxi Taxe Axel Text
2 Ecke Taxe Deck Text Lack Taxi Bach Axel Buch Nixe Koch Hexe

3 Hecht Recht Fleck Fisch Tisch Luxus Boxer Texas Mixer Telex
4 Trick Mixer Frack Texte Sache Texas Suche Telex Achse Fixum

5 Gesuch Besuch Bericht Richtung Rechnung Nachricht Geschmack
6 Reflex Examen Lexikon Existenz Extrakte Exkursion Luxemburg

Wendungen

7 extra leicht, extrem schnell, doch exklusiv, sicher geboxt,
8 exakt gemixt, gleich fixiert, noch flexibel, extrem schwer,

9 recht sicher, extrem schnell, sehr luxuriös, gleich gemixt,
10 schön leicht, schwer bewacht, echt exotisch, extern gelöst,

11 schnell schalten, sachlich berichten, schlecht beschreiben,
12 maximal geschont, fachlich gesichert, schweigt erschrocken,

13 doch noch geboxt, recht fix taxiert, schon exakt berechnet,
14 sind doch sicher, macht das richtig, recht rasch geschafft,

15 machte sich recht unbeliebt, doch nicht sachlich ermittelt,
16 sicher noch exakt fixierbar, auch recht exklusiv berichtet,

Sätze

Anschl.

17 Der Taxifahrer bekommt ein Fixum. Es wurde exakt berechnet. 63
18 Die Axt ist schlecht geschliffen. Max macht nichts richtig. 62
19 Axel hat im Lexikon nachgeschaut. Xaver ist recht flexibel. 62

20 Der Bericht des Sachbearbeiters ist fachlich nicht richtig. 62
21 Christian zerschnitt die schwarze Schnur mit dieser Schere. 62
22 Die Rechtschreibung macht Alexander noch immer zu schaffen. 62

23 Der Chef richtete die Wohnung in Höxter recht luxuriös ein. 63
24 Externe Mitarbeiter erstellten mitunter extravagante Texte. 62
25 Max schaffte sich schon in Luxemburg eine sichere Existenz. 62

26 Dieser Boxer ist extrem schnell und hat recht gute Reflexe. 62
27 Axel machte nach seinem Examen eine Exkursion durch Mexiko. 63
28 Durch die Textverarbeitung werden die Texte rasch erstellt. 62

29 Mittwoch schickte uns die Gesellschaft ein Telex aus Texas. 63
30 Der neue Mixer mixt die exotischen Gerichte extrem schnell. 62
31 Xenia fuhr mit dem Taxi nach Cuxhaven und kaufte Textilien. 63

Aufgabe: Erfassen Sie den Text dieser Seite. Drucken Sie auf einer Seite die Übungswörter und die Wendungen aus, auf einer weiteren Seite die Sätze.

Thesaurus

Schritt	Was müssen Sie tun?	Erläuterung
1	Cursor in das Wort bringen, das durch ein ähnliches ersetzt werden soll	
2	Alt p	= Überprüfen
3	t Ersatzbegriff markieren (mit rechter Maustaste) i	Thesaurus = Einfügen

Wiederholung

```
1  bis  bin  neu  gibt  bunt  bangt  neben  geben  nagen  haben  bleiben
2  dich,  doch,  mixt,  boxt,  lacht,  exakt,  sucht,  extra,  extrem,
3  Conrad  boxt  sicher.  Axel  berichtet  exakt.  Max  ist  flexibel.
```

Erarbeitung: q und p

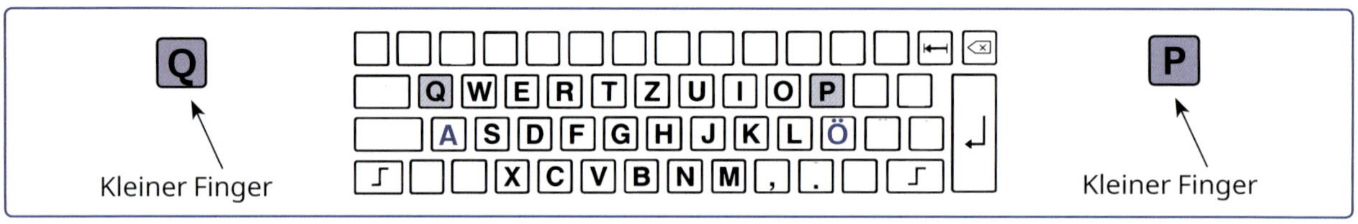


```
4  saqa  saqa  saqa  saqa  daqa  daqa  daqa  daqa  faqa  faqa  faqa  faqa
5  saqa  daqa  faqa  saqa  daqa  faqa  saqa  daqa  faqa  saqa  daqa  faqa

6  quakt  quakt  quakt  quasi  quasi  quasi  quitt  quitt  quoll  quoll
7  quakt  quasi  quitt  quoll  quakt  quasi  quitt  quoll  quakt  quasi

8  löpö  löpö  löpö  löpö  köpö  köpö  köpö  köpö  jöpö  jöpö  jöpö  jöpö
9  löpö  köpö  jöpö  löpö  köpö  jöpö  löpö  köpö  jöpö  löpö  köpö  jöpö

10 platt  platt  platt  prima  prima  prima  porös  porös  plump  plump
11 platt  prima  porös  plump  platt  prima  porös  plump  platt  prima
```

Übungswörter

```
12 qualmt  quiekt  quirlt  quillt  passen  privat  plaudern  passiert
13 quaken  pusten  liquid  empört  bequem  sparen  qualvoll  erproben

14 pressen  sperren  spannen  spinnen  unbequem  exquisit  quittiert
15 gespart  gequakt  geprobt  gepumpt  erquickt  qualvoll  gesprengt

16 qualmen  quellen  quieken  quirlen  springen  plaudern  schimpfen
17 gequakt  kompakt  liquide  ertappt  gequirlt  komplett  verquickt

18 reparieren  durchquert  anspringen  einquartiert  programmieren
19 gequetscht  gestempelt  konsequent  eingekapselt  protokolliert
```

Großbuchstaben

```
20 Qual  Qual  Qual  Qual  Qual  Qual  Quiz  Quiz  Quiz  Quiz  Quiz  Quiz
21 Qual  Quiz  Qual  Quiz  Qual  Quiz  Qual  Quiz  Qual  Quiz  Qual  Quiz

22 Quark  Quark  Quark  Quark  Quark  Quarz  Quarz  Quarz  Quarz  Quarz
23 Quark  Quarz  Quark  Quarz  Quark  Quarz  Quark  Quarz  Quark  Quarz

24 Paar  Paar  Paar  Paar  Paar  Paar  Park  Park  Park  Park  Park  Park
25 Paar  Park  Paar  Park  Paar  Park  Paar  Park  Paar  Park  Paar  Park

26 Paket  Paket  Paket  Paket  Paket  Pause  Pause  Pause  Pause  Pause
27 Paket  Pause  Paket  Pause  Paket  Pause  Paket  Pause  Paket  Pause
```

Aufgaben:
1. Erfassen Sie den Text dieser Seite und drucken Sie ihn aus.
2. Ersetzen Sie die Wörter *erproben, kompakt, reparieren* mit der Funktion „Thesaurus" durch ähnliche Begriffe, drucken Sie den geänderten Text aus.

Rechtschreibprüfung

Mit dieser Funktion werden alle Wörter des Textes auf richtige Schreibweise geprüft. Fehlerhafte Wörter werden angezeigt und können berichtigt werden.

Schritt	Was müssen Sie tun?	Erläuterung
1	Alt p 7 (ABC ✓) Das erste nicht mit dem Wörterbuch übereinstimmende Wort wird angezeigt	= Überprüfen Rechtschreibung und Grammatik Das Wort ist markiert
2	i (Ignorieren)	Wenn die Schreibweise dennoch richtig ist
3	n (Ändern) h (Hinzufügen)	Wenn die falsche Schreibweise ersetzt werden soll Das Wörterbuch wird mit dem Begriff ergänzt

Übungswörter (Substantive)

1 Quarz Quote Köpfe Töpfe Qualle Qualen Lappen Kappen Karpfen
2 Quirl Dampf Qualm Zöpfe Quitte Tapete Quelle Trapez Quadrat

3 Respekt Exempel Strapaze Prospekt Quitten Quittung Quintett
4 Quartal Tropfen Quarzuhr Operette Quadrat Trompete Quartett

5 Prozente Prospekte Experimente Querschnitte Qualifikationen
6 Aquarell Propeller Quecksilber Verpackungen Tagesproduktion

Wendungen

7 spielt prima, springt empor, plant perfekt, erprobt prompt,
8 quillt empor, niemals knapp, immer liquide, spricht empört,

9 schimpft pausenlos, quittiert spontan, repariert preiswert,
10 mehrmals empfangen, imponiert niemand, plötzlich gequollen,

11 persönlich geplant, bequem eingespart, perfekt gespeichert,
12 qualitativ erprobt, heiter geplaudert, rechnet quantitativ,

13 konsequent geprobt, tapfer durchquert, spontan applaudiert,
14 qualitativ perfekt, sicher eingespart, perfekt abgekapselt,

15 mehrmals umprogrammiert, spionierte pausenlos unverdrossen,
16 spielend experimentiert, persönlich preiswert einquartiert,

Sätze

Anschl.

17 Die Quarkspeisen schmecken prima. Pia möchte sie probieren. 62
18 Der Ball prallt an die Querlatte. Peter schimpft pausenlos. 63
19 Er bekam eine exquisite Quarzuhr. Der Preis war angemessen. 63

20 Der qualifizierte Programmierer erprobt ein neues Programm. 62
21 Die Computer sind besonders kompakt und bequem zu bedienen. 61
22 Die Produktion wurde qualitativ und quantitativ verbessert. 61

23 Im September war die Gewinnquote im Rennquintett sehr hoch. 63
24 Bei der Pauschalreise nach Spanien spart Pauline viel Geld. 64
25 Dieses preiswerte Quartier kann man sicher jedem empfehlen. 63

26 Aus der Solquelle quoll das erquickend frische Quellwasser. 62
27 Im Prospekt werden neue Quarzuhren und Aquarelle angeboten. 63
28 Dem Platzwart fehlten im letzten Quartal einige Quittungen. 63

29 Der Sportler qualifizierte sich durch konsequenten Einsatz. 62
30 Das lustige Publikum applaudiert dem Puppenspieler spontan. 62
31 Das perfekt geplante Programm wurde plötzlich unterbrochen. 63

Aufgabe: Erfassen Sie die Wendungen und Sätze. Überprüfen Sie den Text mit der Funktion „Rechtschreibprüfung“ auf evtl. Fehler. Drucken Sie den Text anschließend aus.

11 Die Buchstaben *ä* und *ü* / Suchen

Suchen (Text „nach unten" durchsuchen)

Schritt	Was müssen Sie tun?	Erläuterung
1	Cursor an Suchbeginn	
2	Strg f	= Suchen
3	Suchbegriff eingeben	Übereinstimmungen werden angezeigt

Wiederholung

1 dich doch mixt boxt nicht rasch extra exakt richtig taxiert
2 quitt, quoll, platt, prima, qualmt, quirlt, sperrt, empört,
3 Die Quarzuhr ist sehr preiswert. Paul quittiert persönlich.

Erarbeitung: ä und ü

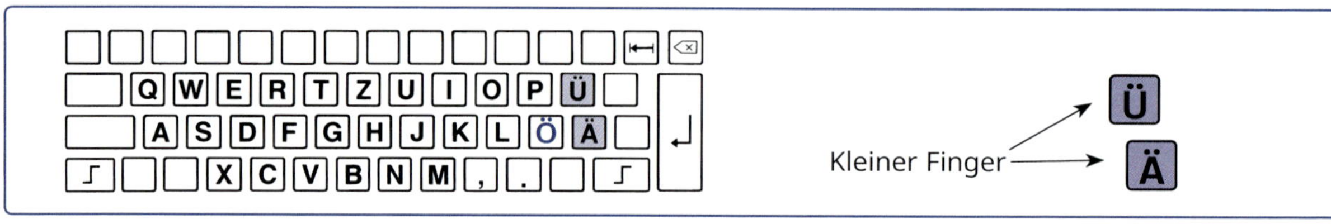

4 löäö löäö löäö löäö köäö köäö köäö köäö jöäö jöäö jöäö jöäö
5 löäö köäö jöäö löäö köäö jöäö löäö köäö jöäö löäö köäö jöäö

6 läge läge läge läge läge läge käme käme käme käme käme käme
7 läge käme läge käme läge käme läge käme läge käme läge käme

8 löpö löüö löpö löüö köpö köüö köpö köüö jöpö jöüö jöpö jöüö
9 löpö löüö köpö köüö jöpö jöüö löpö löüö köpö köüö jöpö jöüö

10 füge füge füge füge füge füge lüge lüge lüge lüge lüge lüge
11 füge lüge füge lüge füge lüge füge lüge füge lüge füge lüge

Übungswörter

12 gäbe wäre räte bäte sähe mähe füllt prüft blüht spült kühlt
13 spät früh säen grün hält kühn fähig üppig tätig gütig zügig /o ∠a
14 fällt fährt fängt wählt klärt müssen würden führen verblüht /ü
15 wären rügen gäben lügen mähen kühlen wählen füllen würdigen /a
16 länger später häufig fällig füllig flüssig geführt geglückt
17 ändern bürgen klären blühen hätten fühlten ~~ständig~~ nützlich /o ⊢⊣ß
18 abwärts aufwärts geändert gewürdigt befürwortet unterstützt
19 ~~ständig~~ verblüht geändert glücklich verdächtigt unbegründet ⊢⊣ß

Großbuchstaben

20 Äste Äste Äste Äxte Äxte Äxte Ähre Ähre Ähre Ätna Ätna Ätna
21 Äste Äxte Ähre Ätna Äste Äxte Ähre Ätna Äste Äxte Ähre Ätna

22 Ärger Ärger Ärger Ärmel Ärmel Ärmel Ärzte Ärzte Äpfel Äpfel
23 Ärger Ärmel Ärzte Äpfel Ärger Ärmel Ärzte Äpfel Ärger Ärmel

24 Übel Übung Übel Übung Übel Übung Übel Übung Übel Übung Übel
25 Übel Übung Übel Übung Übel Übung Übel Übung Übel Übung Übel

26 Übersee Übermut Übersee Übermut Übersee Übersicht Überfahrt
27 Übersee Übermut Übersee Übermut Übersee Übersicht Überfahrt

Aufgabe: Erfassen Sie die Übungswörter in der ursprünglichen Form. Steuern Sie die zu korrigierenden Textstellen mit der Funktion „Suchen" an – ändern Sie manuell.

Suchen und Ersetzen

Suchen und Ersetzen

Schritt	Was müssen Sie tun?	Erläuterung
1	Cursor an Textanfang	Suchvorgang: Vom Anfang zum Ende
2	Strg h	= Suchen und Ersetzen
3	Suchbegriff eingeben	Eingabefeld: Suchen nach
4	Tab-Taste betätigen	
5	Ersatzbegriff eingeben Alt t	Eingabefeld: Ersetzen durch
6	t bzw. w	Markierten Bereich ersetzen bzw. weitersuchen

Suchen und Ersetzen ohne Bestätigung: In Schritt 6 Taste a betätigen (= Alle ersetzen).

Übungswörter (Substantive)

1 Fälle Kälte Gäste Räume Käufe Fülle Lücke Düfte Kübel Bügel
2 Gänse Güter Räder Rügen Kräne Krüge Sätze Sülze Käfer Küche

3 Wälder Wähler Stücke Brücke Anträge Beträge Früchte Gewürze
4 Drähte Gründe Geräte Schübe Schläge Wünsche Strände Umsätze

5 Gewässer Gebühren Geschäfte Verfügung Annäherung Überlegung
6 Geschäft Gerümpel Kapazität Würdigung Grundsätze Gültigkeit

Wendungen

7 sät früh, fährt spät, wäre dafür, käme längst, übt täglich,
8 für alle, wirkt kühn, hält daher, rügt später, rät deshalb,

9 wäre fällig, hätte gezählt, würde geprüft, käme zusätzlich,
10 hält später, fährt hinüber, wärmt spürbar, wäre überrascht,

11 täglich gestärkt, stündlich gesprüht, unbegründet geändert,
12 kräftig verrührt, ungünstig gestürzt, stümperhaft überholt,

13 ständig vorrätig, gründlich überlegt, tatsächlich geglückt,
14 ähnlich täuschen, lückenlos geändert, befürwortet mündlich,

15 rätselt darüber nächtelang, natürlich überall verständlich,
16 künftig täglich überprüfen, demnächst stärker unterstützen,

Sätze

17 Die Überraschung ist geglückt. Alle Wünsche wurden erfüllt.
18 Der Künstler übt im Südflügel. Käthe näht ein neues Kostüm.
19 Die Verträge ~~würde~~ ich ändern. Rüdiger prüft die Kapazität. werde

20 Im Frühling grünt und blüht es in allen Gärten und Wäldern.
21 In südeuropäischen ~~Ländern~~ beginnt die Blüte schon im März. Staaten
22 Der Gärtner schützt die Blüten in kalten Nächten vor Frost.

23 Der berühmte Künstler ~~übergab~~ das Gemälde der Kunstgalerie. spendet
24 Die fälligen Beträge dürfen nicht später überwiesen werden.
15 Sie hätte die Bestände ~~schon viel~~ früher überprüfen müssen. wesentlich

26 Jürgen will das Gebäude und des Grundstück schätzen lassen.
27 Die Gebühren für den Sachverständigen ~~würde~~ ich übernehmen. werde
28 Mögliche Veränderungen müssen später berücksichtigt werden.

29 Wir ~~führen~~ nur bewährte Qualitätsware zu günstigen Preisen. kaufen
30 Das klärende Gespräch mit den Beschäftigten war überfällig.
31 Die Händler werden demnächst erheblich stärker unterstützt.

Aufgaben: 1. Erfassen Sie die Sätze in der ursprünglichen Form.
2. Ändern Sie die zu korrigierenden Stellen mit der Funktion „Suchen und Ersetzen".

Fettschrift

Formatieren während der Texterfassung:		Formatieren nachträglich:
Funktion einschalten: Shift Strg f	**F**	Textteil markieren
Text erfassen		Shift Strg f
Funktion ausschalten: Shift Strg f		

Fettschrift in „Normalschrift" umwandeln: Textteil markieren – anschl. Shift Strg f
(Mit Strg Leertaste werden auch die Schriftart und -größe in Standardschrift umgewandelt!)

Wiederholung

1 quitt quoll plump prima bequem quittiert komplett repariert
2 spät, früh, hält, kühn, fähig, nützlich, ständig, käuflich,
3 Die Verträge werden überprüft. Die Gebühr ist heute fällig.

Erarbeitung: y

Kleiner Finger

saya saya daya daya faya faya
saya daya faya saya daya faya

4 okay okay okay okay okay okay okay okay okay okay okay okay
5 loyal loyal loyal loyal loyal loyal loyal loyal loyal loyal

Übungswörter

6 typisch mythisch synchron idyllisch rhythmisch systematisch
7 lyrisch physisch zyklisch dynamisch symbolisch synchronisch
8 symbolisieren sympathisieren synchronisieren hypnotisierten
9 symbolisieren hypnotisierten synchronisieren sympathisieren

Wendungen

10 dynamisch bleiben, physisch belastbar, hypothetisch fragen,
11 idyllisch gelegen, synchron verlaufen, systematisch planen,
12 anonym schreiben, hydraulisch heben, gründlich analysieren,
13 schnell oxydiert, hygienisch sauber, schlecht hypnotisiert,

Großbuchstabe

14 Yard Yard Yard Yard Yard Yard York York York York York York
15 Yard York Yard York Yard York Yard York Yard York Yard York

Übungswörter (Substantive)

16 System Symbol Physik Zyklus Analyse Dynamik Hygiene Hypnose
17 Hypothek Zylinder Sympathie Gymnastik Loyalität Psychologie

Sätze

Anschl.

18 Das Teil ist symmetrisch geformt. Manche Metalle oxydieren. 63
19 Diese Staaten werden boykottiert. Er möchte anonym bleiben. 62
20 Es wurde systematisch analysiert. Sie ist sehr sympathisch. 61
21 Harry segelt mit seiner Yacht von Sydney bis nach New York. 64
22 Yvonne und Gaby besuchen die riesigen Pyramiden in Ägypten. 63
23 Die typisch bayrische Idylle lockt die Gäste nach Bayreuth. 63
24 Die Story wurde dann von Walt Disney in Hollywood verfilmt. 64
25 Der dynamische Manager ist physisch und psychisch belastet. 61
26 Der Physiker wird alle Ergebnisse systematisch analysieren. 62

Aufgaben: 1. Erfassen Sie die Zeilen 6 bis 26, heben Sie die Überschriften bei der Texterfassung hervor.
2. Löschen Sie den Fettdruck – heben Sie die gekennzeichneten Textteile nachträglich hervor.
3. Speichern Sie den Text mit dem Namen *fett* und drucken Sie ihn aus.

13 Der Mittestrich – / Kursivschrift

Kursivschrift

Formatieren während der Texterfassung:	Formatieren nachträglich:
Funktion einschalten: Shift Strg k	Textteil markieren
Text erfassen	Shift Strg k
Funktion ausschalten: Shift Strg k	

Kursivschrift löschen: Textteil markieren – anschl. Shift Strg k
(Mit Strg Leertaste werden auch die Schriftart und -größe in Standardschrift umgewandelt!)

Erarbeitung: Der Mittestrich –

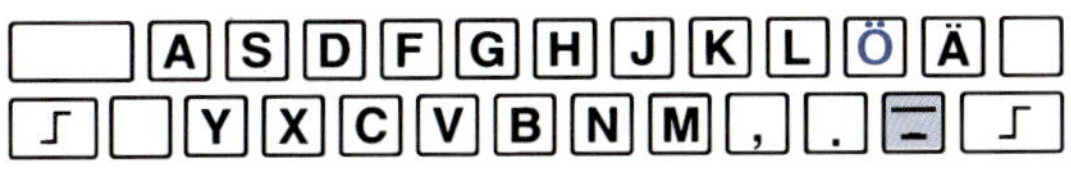

Kleiner Finger

Mit Umschaltung
Ohne Umschaltung

lö-ö lö-ö kö-ö kö-ö jö-ö jö-ö
lö-ö kö-ö jö-ö lö-ö kö-ö jö-ö

Verwendung als Bindestrich

Karl-Heinz wohnt in Clausthal-Zellerfeld, Fritz-Reuter-Weg.
Er gewann beim Preisausschreiben die Stereo-Kompakt-Anlage.
Hans-Peter freut sich auf den James-Bond-Film im Roxy-Kino.

Verwendung als Ergänzungsbindestrich

Im Frühjahr bieten wir Nah- und Fernreisen sehr günstig an.
Sie nennt Vor- und Zunamen sowie Geburtsjahr, -monat, -tag.
Die schnelle Textein- und -ausgabe erspart Zeit und Nerven.

Der Gedankenstrich

Der Gedankenstrich wird durch einen Langstrich dargestellt.
Sie erhalten einen Kleinkredit – auch ohne Bürgen – sofort.
Unsere Finanzberater – Experten ihres Fachs – helfen Ihnen.

Der Streckenstrich

Für den Streckenstrich wird immer der Langstrich verwendet.
Sylvia fuhr mit dem Intercity Hamburg-Hannover-München.
Der Flug Wien-Zürich wird aufgrund des Nebels gestrichen.

Verwendung als Zeichen für „gegen“

Als Zeichen für gegen soll der Langstrich verwendet werden.
In der Bundesliga spielte heute Werder Bremen – VfL Bochum.
Im Tennis sorgte die Paarung Becker – Nyström für Spannung.

Die Kursivschrift – Der Fettdruck

Die Kursivschrift und der Fettdruck sind oft verwendete Hervorhebungsarten. Die Textstellen können mit den meisten Textverarbeitungsprogrammen entweder bei der Texterfassung oder erst nach der Texterfassung hervorgehoben werden.

Die Hervorhebung bei der Texteingabe ist sehr einfach. Man schaltet die Funktion *an der entsprechenden Stelle* ein, schreibt den hervorzuhebenden Textteil und schaltet danach die Funktion wieder aus. Dann schreibt man einfach weiter.

Möchte man einen Teil des geschriebenen Textes hervorheben, dann wird dieser Teil *zuerst markiert*. Danach löst man die Funktion aus. Auf dem Bildschirm wird die Hervorhebung in zeichenorientierten Programmen oft invertiert dargestellt.

Aufgaben: 1. Erfassen Sie den Übungstext, heben Sie die Textteile **bei der Texterfassung** hervor.
2. Löschen Sie die Kursivschrift und den Fettdruck – heben Sie **nachträglich** hervor.

Der Buchstabe ß und das Fragezeichen ? / Zentrieren

Zentrieren (Text in den Schreibraum einmitten)

Zentrieren während der Texterfassung:	Zentrieren nachträglich:
Funktion einschalten: Strg e	Nur ein Absatz: Cursor in den Absatz – Strg e
Text erfassen anschl.: ⟵	
Funktion ausschalten: Strg l	Mehrere Absätze: Textteil markieren – Strg e

Zentrierung in „Standard-Ausrichtung“ umwandeln: Nur ein Absatz: Cursor in den Absatz – Strg l
Mehrere Absätze: Textteil markieren – Strg l

Wiederholung

1 fällt fängt füllt führt länger später kürzer kühler zügiger
2 dynamisch, idyllisch, symbolisch, rhythmisch, systematisch,
3 Karl-Heinz vermittelt Bahn- und Busreisen nach Baden-Baden.

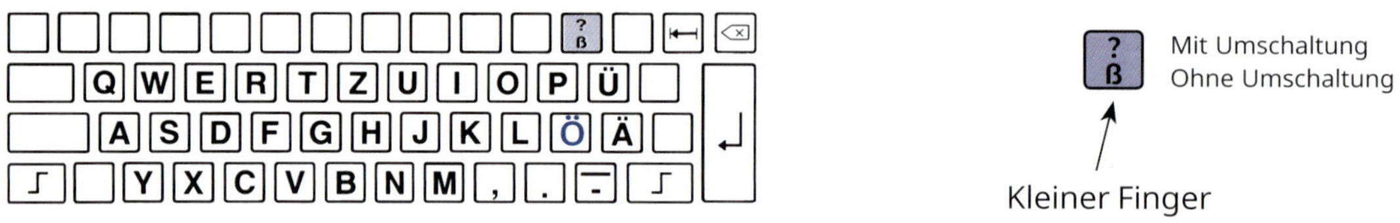

Erarbeitung: ß

4 lößö lößö lößö lößö kößö kößö kößö kößö jößö jößö jößö jößö
5 lößö kößö jößö lößö kößö jößö lößö kößö jößö lößö kößö jößö

6 größer größere flößen flößten größer größere flößen flößten
7 mäßige mäßiger grüßen grüßten mäßige mäßiger grüßen grüßten

Übungswörter

8 maß saß süß maß saß süß maß saß süß maß saß süß maß saß süß
9 ließ weiß heiß groß bloß ließ weiß heiß groß bloß ließ weiß

10 mäßig müßig größer grüßen äußern fließen sprießen schließen
11 gemäß flößt grüßte gesüßt größer äußerst gestoßen veräußern

Wendungen

12 bloß angestoßen, regelmäßig überprüfen, großzügig ermäßigt,
13 draußen begrüßt, sinngemäß verändert, anschließend geprüft,

14 wurde erwartungsgemäß vergrößert, will demnächst veräußern,
15 ließ es anschließend genehmigen, war doch wieder großzügig,

Erarbeitung: ?

16 lößö lö?ö – Wo? Wie? Wer? Wen? Wann? Warum? Woher? Weshalb?
17 Wo war er? Was ist los? Wie geht es dir? Wer war denn hier?

18 Was ist richtig? Wann soll er kommen? Warum geht das nicht?
19 Wieso ist er nicht pünktlich? Weshalb wird alles überprüft?

Sätze

Anschl.

20 Schließt nun der Großbetrieb? Kann man die Maßnahme ändern? 65
21 Möchte er das Haus veräußern? Wird der Preis noch ermäßigt? 65
22 Will er es regelmäßig prüfen? Hat er es sinngemäß geändert? 63

23 Stößt der Antrag im Parlament erneut auf großen Widerstand? 64
24 Welcher Ausschuss sollte sich mit dieser Maßnahme befassen? 63
25 Äußert er sich anschließend noch über die vielen Ansichten? 62

26 Wird der Großbetrieb diese schwierige Situation überstehen? 63
27 Ist es wirklich zweckmäßig, auch diese Zweige zu schließen? 62
28 Können wir einige Produkte nur mit hohem Verlust veräußern? 63

Aufgabe: Erfassen Sie die Übungswörter, Wendungen und Sätze dieser Seite. Zentrieren Sie die Überschriften und drucken Sie den Text aus.

Die Ziffer 2 und die Zeichen ";: / Blocksatz

Blocksatz (Alle Zeilen werden durch Leerzeichen auf die gleiche Länge gebracht)

Blocksatz während der Texterfassung:	Blocksatz nachträglich:
Funktion einschalten: Strg b	Nur ein Absatz: Cursor in den Absatz – Strg b
Text erfassen anschl.: ⟵	
Funktion ausschalten: Strg l	Mehrere Absätze: Textteil markieren – Strg b

Blocksatz in „Standard-Ausrichtung" umwandeln: Nur ein Absatz: Cursor in den Absatz – Strg l
Mehrere Absätze: Textteil markieren – Strg l

Wiederholung

1 typisch physisch zyklisch dynamisch symbolisch systematisch
2 grüßen, fließen, draußen, sprießen, schließen, schließlich,
3 Wird sie den Preis ermäßigen? Vergrößert er die Lagerräume?

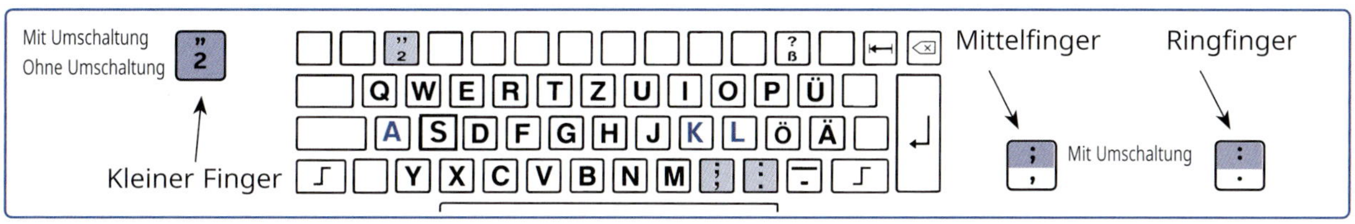

Erarbeitung und Anwendung: 2 und "

4 aqa a2a – 2 Arme, 2 Achsen, 2 Angler, 2 Anträge, 2 Anlagen,
5 a2a a"a – der "A-Kurs", der "A-Block", Briefblatt "Form A",

6 In der Besprechung am 22. November werden wir alles klären.
7 Den Vertrag erhalten Sie in Kürze in 2-facher Ausfertigung.

8 Die Einleitung "Ich teile Ihnen mit" wird häufig verwendet.
9 Würden Sie schreiben, wenn Sie nichts "mitzuteilen" hätten?

Erarbeitung und Anwendung: ; und :

10 k,k k;k – nah, weit; dick, dünn; lang, kurz; hoch, niedrig;
11 l.l l:l – Name: Siebert; Vorname: Thorsten; Beruf: Schüler;

12 Das neue Kaufhaus hat geöffnet; die Auswahl ist riesengroß.
13 Die Waren sind preiswert; daher sollte man jetzt zugreifen.

14 Buchen Sie sofort: Die schönsten Reiseziele warten auf Sie.
15 Sie meinte: "Verschiebe nicht alles auf die letzte Minute."

Anschl. je Block	Die Tastatur: Alphanumerischer Teil – Ziffernblock	Gesamt-anschl.
65	Die Tastatur einer Datenverarbeitungsanlage hat 2 Bereiche:	65
128	den alphanumerischen Teil und den Ziffernblock. Das hat zur	128
190	Folge, dass man eine Ziffer sowohl mit der Taste des einen	190
252	als auch mit der Taste des anderen Bereichs schreiben kann.	252
61	Im alphanumerischen Teil ist jeder Zifferntaste neben der	313
124	Ziffer ein Zeichen zugeordnet; jede Taste ist also doppelt	376
186	belegt. Betätigt man nur die Taste, erscheint die Ziffer –	438
248	beim gleichzeitigen Betätigen des Umschalters das Zeichen.	500
63	Sowohl im alphanumerischen Teil als auch im Ziffernblock	563
128	ist eine "Grundstellung" festgelegt. Jeder Finger hat einen	628
190	festen Platz, von dem er die zugeordneten Tasten betätigt;	690
251	dann kehrt er sofort wieder in die Ausgangsstellung zurück.	751
64	Beim Erfassen eines Textes darf der alphanumerische Teil	815
130	nicht verlassen werden; die Ziffer 2 ist mit dem "A-Finger"	881
191	anzuschlagen. Den Ziffernblock verwendet man vor allem für	942
255	das Erfassen von Aufstellungen, Aufrechnungen und Tabellen.	1006

Aufgabe: Schreiben Sie den Übungstext mit der Überschrift ab. Zentrieren Sie anschließend die Überschrift und formatieren Sie den gesamten Text in Blocksatz – dann drucken Sie den Text aus.

16 Die Ziffer *1* und das Ausrufezeichen *!*; die Akzente ´ `

Der ANSI-Zeichensatz (I)

Die Buchstaben mit Akzentzeichen werden aus der ANSI-Tabelle wie folgt in den Text eingelesen:
Taste Alt betätigen und die Code-Nr. mit den Zifferntasten im Rechnerblock eingeben.

Alt 0224 = à	Alt 0232 = è	Alt 0242 = ò	Alt 0249 = ù	Alt 0236 = ì
Alt 0225 = á	Alt 0233 = é	Alt 0243 = ó	Alt 0250 = ú	Alt 0237 = í
Alt 0226 = â	Alt 0234 = ê	Alt 0244 = ô	Alt 0251 = û	Alt 0238 = î

Weitere Möglichkeit: Alt i (Einfügen) s (Symbol) w (weitere Symbole)

In der eingeblendeten Tabelle gewünschtes Zeichen anklicken – anschl. Alt e

Wiederholung

1 saß süß groß heiß größer grüßen fließen schließen ermäßigen
2 in 2-facher Ausfertigung; im "A-Kurs" bleiben; der 2. Rang;
3 Die Werbung lohnt sich: der Umsatz ist erheblich gestiegen.

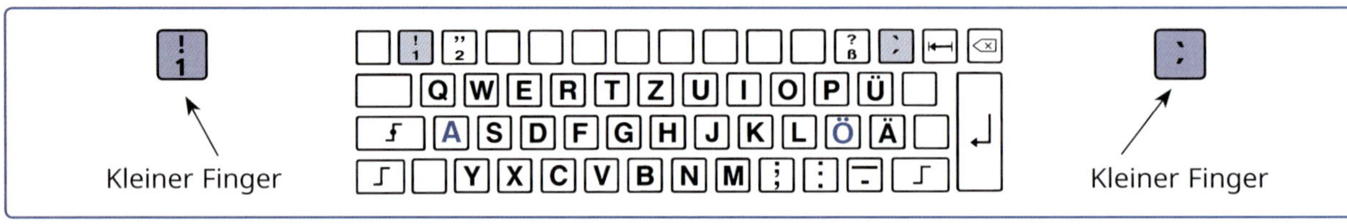

Erarbeitung und Anwendung: **1** und **!**

4 aqa a1a – 1 Aal, 1 Ast, 1 Auge, 1 Auto, 1 Anker, 1 Auftrag,
5 a1a a!a – Ah! Au! Hallo! Vorsicht! Vielen Dank! Alles Gute!

6 Wir gewähren Ihnen einen Kleinkredit mit 11 Prozent Zinsen.
7 Benachrichtigen Sie uns bitte schriftlich bis 11. Dezember.

8 Entschlacken ist jetzt angesagt; unsere Diät macht Sie fit!
9 Essen Sie mehrmals kleine Portionen; treiben Sie oft Sport!

Erarbeitung und Anwendung: ´ und `

10 öüö ö´ö – René, Café, Coupé, Glacé, André, Attaché, Orléans
11 ö`ö ö`ö – Ampère, Genève, Sèvres, Rhône, Nîmes, Châteauneuf

12 Desirée kaufte sich in Fréjus ein wunderschönes Sportcoupé.
13 Der Handelsattaché wohnte in einer großen Villa in Orléans.

14 Das Rhônedelta prägt die einmalige Landschaft der Camargue.
15 Hélène verbringt ihre Sommerferien an der Côte des Somalis.

Tastschreiben – die Grundlage für effektive Computerarbeit

Anschl. je Block		Gesamtanschl.
63	Auf die Frage, weshalb Tastschreiben mit zehn Fingern auch	63
123	heute sehr wichtig ist, erhält man meist die Antwort, dass	123
183	es schneller geht. Das ist sicher richtig, aber mindestens	183
242	den gleichen Stellenwert hat der gesundheitliche Nutzen.	242
60	Wer mit 1 oder 2 Fingern schreibt, hat meist eine falsche	303
122	Schreibhaltung. Man sitzt weit vorn auf der Sitzfläche des	364
182	Stuhles, der Oberkörper ist nach vorn gebeugt, die Augen	424
244	wandern ständig zwischen Vorlage, Tastatur und Bildschirm.	486
61	Wegen der weiten Griffwege sind die Arme vor dem Körper,	547
121	man muss sie ständig heben! Das führt oft zu Beschwerden	607
182	im Hals- und Schulterbereich. Die Wirbelsäule wird stark	668
241	beansprucht – die Folge sind Kopf- und Rückenschmerzen.	727
62	Wer mit zehn Fingern schreibt, sitzt völlig entspannt. Die	789
124	Rückenlehne stützt den Rücken, die Arme hängen seitlich am	851
185	Körper – nur die Unterarme sind angewinkelt und bilden mit	912
245	dem Handrücken eine gerade Linie – man schreibt entspannt.	972

Beachte: Buchstaben mit Akzent kann man auch wie folgt schreiben: zuerst die Akzenttaste betätigen – danach die Buchstabentaste.

17 Die Ziffern *3* und *0*; die Zeichen *§* und =

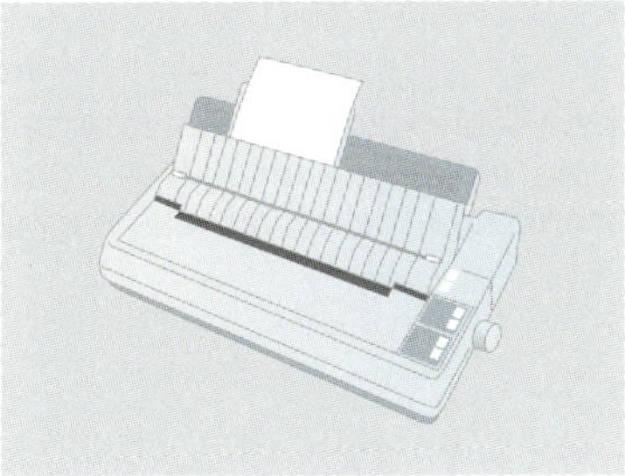

Der Nadeldrucker

erzeugt das Schriftzeichen in einer Punktmatrix mit Nadeln, die von Elektromagneten beschleunigt werden. In der Textverarbeitung werden meist Drucker mit 24 Nadeln eingesetzt.

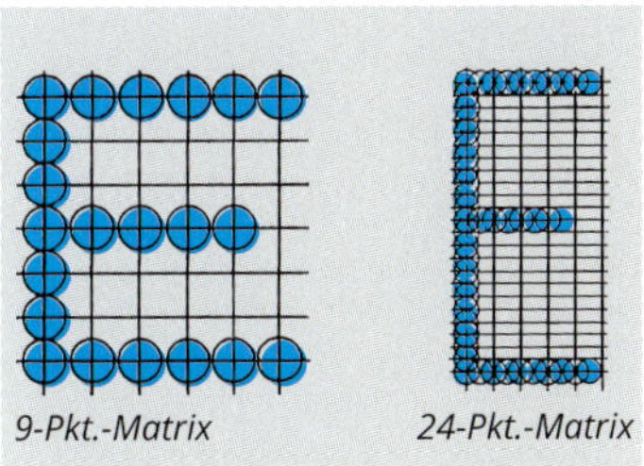

Wiederholung

1 Die Anlage 11 hatten wir Ihnen am 1. April d. J. zugesandt.
2 Dieser außerordentlich günstige Preis gilt nur bis Freitag!
3 In der Luxusausführung liefern wir alle Extras serienmäßig!

Erarbeitung und Anwendung: 3 und §

4 sws s3s - 3 Sätze, 3 Siege, 3 Seiten, 3 Sterne, 3 Schilder,
5 s3s s§s - in § 3 des Vertrages, in den §§ 33 und 33 a EStG,

6 Große Zahlen gliedert man 3-stellig mit Leerzeichen: 1 233.
7 Geldbeträge gliedert man 3-stellig mit Punkt: 2.323,12 EUR.

8 In § 3 stehen die Rechte und Pflichten der Vertragspartner.
9 Die Verteilung des Gewinnes finden Sie in den §§ 12 und 13.

Erarbeitung und Anwendung: 0 und =

10 lol l0l - 30 Liter, 30 Lachse, 300 Leisten, 30 000 Lichter,
11 l0l l=l - l = Liter, g = Gramm, m = Meter, cm = Zentimeter,

12 Beim Wettkampf schaffte sie in 30 Minuten 13 000 Anschläge.
13 Die Temperatur auf 3000 Meter Höhe beträgt 10 Grad Celsius.

14 Speicherkapazität: B = Byte; KB = Kilobyte - MB = Megabyte.
15 1 Kilobyte = 1 000 Zeichen - 1 Megabyte = 1 000 000 Zeichen.

Anschl. je Block

Die Bestellung

Gesamt-anschl.

63 Bevor der Kaufmann die Ware bestellt, holt er in der Regel 63
127 mehrere Angebote ein. Die Bedingungen aller Angebote werden 127
189 miteinander verglichen und geprüft. Der günstigste Anbieter 189
251 erhält mündlich oder schriftlich den Auftrag = Bestellung. 251

63 Wenn der Käufer nach den Bedingungen eines festen Angebots 314
124 bestellt, wird der Kaufvertrag geschlossen. Der Verkäufer 375
187 muss die Ware pünktlich liefern und dem Käufer das Eigentum 438
249 verschaffen; der Käufer hat sie anzunehmen und zu bezahlen. 500

65 Bestellungen können widerrufen werden. Nach § 130 BGB muss 565
125 der Widerruf aber vor oder spätestens gleichzeitig mit der 625
189 Bestellung beim Verkäufer eintreffen. Der Käufer wird daher 689
249 in der Regel telegrafisch oder fernschriftlich widerrufen. 749

63 Weicht die Bestellung von den Bedingungen des Angebots ab, 812
125 begründet erst die Bestellungsannahme den Kaufvertrag. Sie 874
186 ist auch nötig, wenn der Kunde ohne ein vorheriges Angebot 935
248 bestellt oder der Auftrag zu spät beim Verkäufer eintrifft. 997

Beachte: Das Zeichen für „Paragraf" § wird nur in Verbindung mit darauf folgenden Zahlen verwendet. In der Mehrzahl werden zwei Paragrafzeichen geschrieben: §§ 38 und 44 HGB.

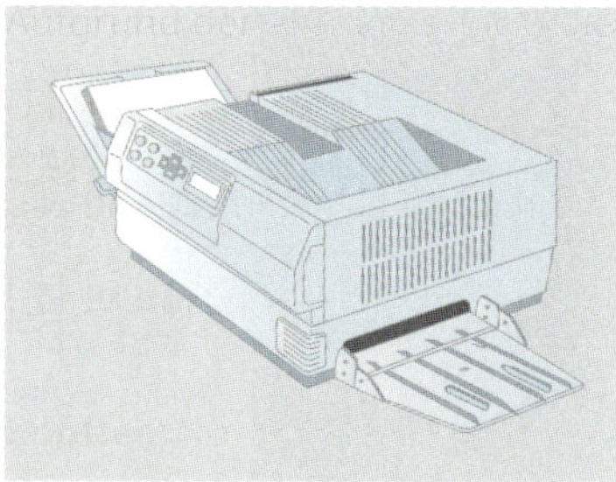

Der Laserdrucker

arbeitet nach dem Prinzip der elektrostatischen Kopiergeräte. Ein Laserstrahl „schreibt" den Text oder die Grafik auf eine elektrisch geladene Trommel im Drucker. Der Toner wird an den beschrifteten Stellen auf das Papier übertragen und mit Hitze und Druck fixiert.

Wiederholung

Postfachnummern werden 2-stellig gegliedert: 3 30; 2 21 32.
Die §§ 1 bis 23 werden bis zum 31. Dezember nicht geändert.
Der Rechner speichert intern 1 MB = etwa 1 000 000 Zeichen.

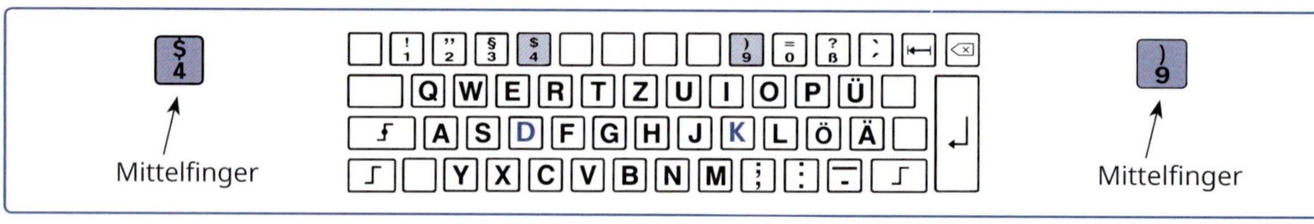

Erarbeitung und Anwendung: 4 und $

ded d4d - 4 Deckel, 4 Decken, 4 Dörfer, 4 Deiche, 4 Dachse,
d4d d$d - 44 $ Devisen, 100.000 $ Darlehn, 1400 $ Gebühren,

Sie kaufte gestern einen Computer mit 4 GB Arbeitsspeicher.
Die 40 neuen Disketten müssen noch heute formatiert werden.

Der Flugpreis von Baltimore nach Los Angeles beträgt 240 $.
Einen guten Mietwagen erhält man schon für 100 $ pro Woche.

Erarbeitung und Anwendung: 9 und)

kik k9k - 9 Kisten, 9 Kataloge, 99 Klammern, 999 Kastanien,
k9k k)k - a) Kaufpreis; b) Nutzungsdauer; c) Wertminderung;

Das Bestellzeichen für die Büchersendung lautet: 944392-fg.
Postleitzahlen schreibt man immer fünfstellig: 29229 Celle.

Vergleichen Sie bitte: a) den Kaufpreis, b) die Ausführung.
Uns gefällt besonders: a) die Bedienung, b) die klare Form.

Anschl. je Block	Die Zahlung durch ein Kreditinstitut	Gesamt-anschl.
63	In der modernen Volkswirtschaft wird der Zahlungsverkehr in	63
125	der Regel über die Banken und Postbankdienste abgewickelt.	125
188	Die Zahlungsweise richtet sich oft danach, ob beide Partner	188
247	ein Girokonto bei einem Kreditinstitut haben oder nicht.	247
65	a) Zahlung durch Zahlschein. Wenn nur der Zahlungsempfänger	312
127	ein Konto bei der Bank oder bei der Postbank besitzt, kann	374
187	der Zahlungspflichtige den Betrag mittels Zahlschein auf	434
250	das Konto des Empfängers bei der Bank oder Post einzahlen.	497
64	b) Zahlung durch Überweisung. Haben beide Geschäftspartner	561
126	ein Bank- oder ein Postbankkonto, wird die Verbindlichkeit	623
187	bargeldlos ausgeglichen. Vom Konto des Auftraggebers wird	684
249	der Betrag auf das Konto des Zahlungsempfängers umgebucht.	746
64	c) Zahlung durch Scheck. Mit dem Scheck weist der Inhaber	810
128	des Kontos seine Bank an, aus seinem Guthaben bei Sicht die	874
190	genannte Summe auszuzahlen oder gutzuschreiben. Der Betrag	936
253	kann auch in fremder Währung, z. B. 49 $, angegeben werden.	999

Beachte: Klammern werden ohne Leerzeichen vor und nach den Textteilen, die von ihnen eingeschlossen sind, geschrieben.

19 Die Ziffern *5* und *8*; die Zeichen *%* und *(*

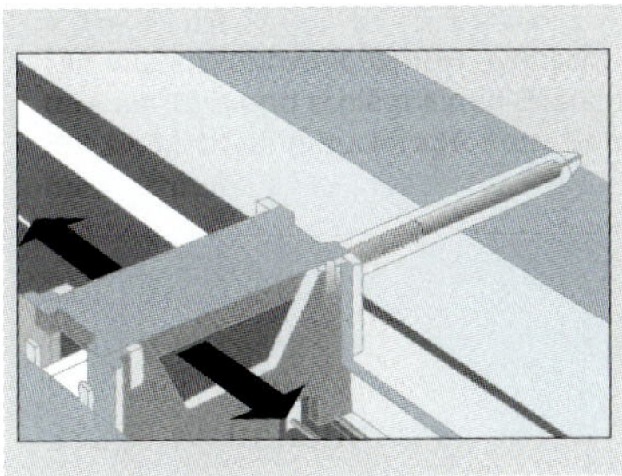

Der Tintenstrahldrucker

sprüht feine Tintentropfen aus mikroskopisch kleinen Düsen auf das Papier. In der Druckpatrone der meisten Modelle befinden sich 50 oder sogar 64 Düsen. Die Elektronik aktiviert die entsprechenden Düsen, um das Punktmuster für den Text oder die Grafik zu erzeugen.

Wiederholung

1 a) Für welche Aufgaben soll die Maschine eingesetzt werden?
2 b) Können wir mit einer Nutzungsdauer von 4 Jahren rechnen?
3 c) Ist eine schnelle Beseitigung von Schäden gewährleistet?

Erarbeitung und Anwendung: **5 und %**

4 frf f5f - 5 Filme, 5 Farben, 5 Frösche, 5 Federn, 5 Fragen,
5 f5f f%f - 5 % Rabatt, 15 % Materialkosten, 25 % Reingewinn,

6 Aneinanderreihungen schreibt man mit Bindestrich: A5-Blatt.
7 Dies gilt auch für Zusammensetzungen mit Zahlen: 5-stellig.

8 Bei Überweisung innerhalb 10 Tagen gewähren wir 2 % Skonto.
9 Wir erwarten noch in diesem Monat eine 5%ige Preiserhöhung.

Erarbeitung und Anwendung: **8 und (**

10 juj j8j - 8 Jahre, 8 Jungen, 8 Jacken, 8 Jodler, 8 Juwelen,
11 j8j j(j - Satzgegenstand (Subjekt), Satzaussage (Prädikat),

12 Dezimale Teilungen werden mit Komma geschrieben - 8,850 kg,
13 nichtdezimale gliedert man mit dem Doppelpunkt - 08:58 Uhr.

14 Zu viele Hauptwörter (Substantive) wirken oft schwerfällig!
15 Verwenden Sie Zeitwörter (Verben); der Stil wird flüssiger!

Schreib- und Gestaltungsregeln für die Textverarbeitung – DIN 5008

Anschl. je Block		Gesamt-anschl.
62	In vielen Fällen ist man unsicher, wie das eine oder andere	62
124	mit dem Textsystem richtig anzuordnen ist - oder wissen Sie	124
186	100%ig, ob die Telefonnummer 089 58493 und auch die anderen	186
249	Schreibweisen in diesem Absatz fehlerfrei geschrieben sind?	249
63	Auch in der Textverarbeitung gelten natürlich die Regeln	312
125	des Duden für die Rechtschreibung und Zeichensetzung. Nur	374
190	die Druck- und Schreibweisen weichen nach DIN 5008 (Regeln	439
254	für die Textverarbeitung) in einzelnen Fällen vom Duden ab.	503
63	Das ist bedingt durch verschiedene Zeichensätze. Der Duden	566
122	richtet sich ausschließlich nach den Vorschriften für den	625
184	Schriftsatz; der Schriftzeichenbestand für alphanumerische	687
243	Tastaturen an Büromaschinen ist jedoch teilweise anders.	746
64	Die Schreib- und Gestaltungsregeln für die Textverarbeitung	810
123	legen auch fest, wie man Texte gliedert und kennzeichnet,	869
186	Größenangaben und Formeln schreibt, sehr wichtige Textteile	932
245	hervorhebt, Zahlen gliedert und Briefblätter beschriftet.	991

Beachte: Das „Prozentzeichen" % darf nur in Verbindung mit Zahlen stehen, vor und nach dem Prozentzeichen steht ein Leerzeichen. Prozentzeichen in Wörtern werden zusammengeschrieben: 5%ig.

Die Ziffern *6* und *7*; die Zeichen & und /

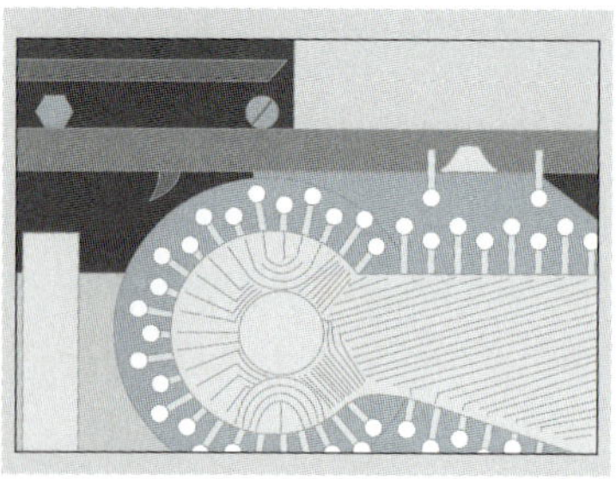

Der Thermodrucker

Heizplättchen auf dem Druckelement werden gezielt erhitzt. Von einer Trägerfolie wird die Farbe gelöst und auf das Papier übertragen.

Wiederholung

1 Nebensätze leitet man ein: a) durch ein unterordnendes
2 Bindewort (z. B. als); b) durch ein bezügliches Fürwort (z.
3 B. welche); c) durch ein abhängiges Fragewort (z. B. wo, wer).

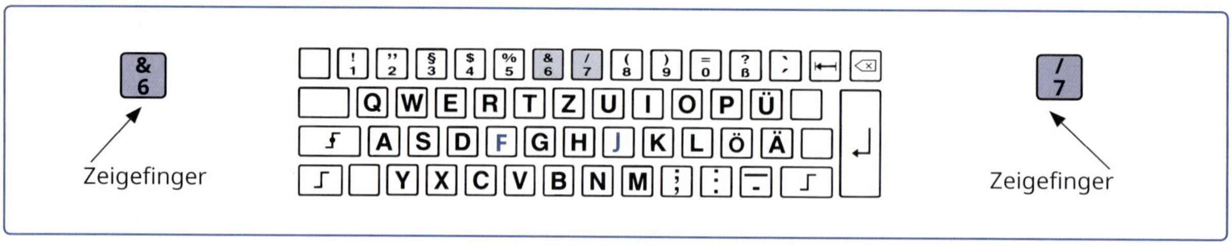

Erarbeitung und Anwendung: **6** und **&**

4 ftf f6f – 6 Fragen, 6 Fahrten, 6 Fahrkarten, 6 Fahrschüler,
5 f6f f&f – Neukirchen & Fehrke, Schlamelcher & Falkenberger,

6 Telefon- und Telefaxnummern werden durch je ein Leerzeichen
7 funktionsbezogen gegliedert: 356, 09560 6558, 0162 4658656.

8 Schreiner & Sohn sind bekannt für preiswerte Küchenstudios.
9 Die Spezialwerkzeuge werden wir von Fischer & Co. beziehen.

Erarbeitung und Anwendung: **7** und **/**

10 juj j7j – 7 Jungen, 7 Juristen, 7 Juweliere, 7 Jugendliche,
11 j7j j/j – 7/8 Zoll, Liste 587/2, Oktober/November/Dezember,

12 Vor der Durchwahlnummer steht ein Bindestrich: 069 6702-78.
13 Vor Telefaxnummern steht der Zusatz "Fax": Fax 06785 94767.

14 Ich benötige ein Rohr mit einem Durchmesser von 1 1/2 Zoll.
15 Das Verfahren Neumann ./. Lüneburg wurde heute eingestellt.

Anschl. je Block

Vordrucke im kaufmännischen Schriftverkehr

Anschl. je Block

63 Vordrucke sind Formblätter mit aufgedruckten Sachverhalten, 63
127 Angaben oder Fragen, die man von Hand oder mit dem Computer 127
189 ergänzen kann. Sie sollen Arbeitsvorgänge vereinheitlichen, 189
250 übersichtlicher gestalten und die Schreibarbeit verringern. 250

63 Beim Erstellen der Vordrucke ist darauf zu achten, dass die 313
124 Angaben vollständig und sehr übersichtlich gegliedert sind. 374
189 Man sollte nur DIN-Formate verwenden und die Schreibfelder 439
249 nach den Bewegungsschritten der Computerschrift anordnen. 499

63 Im kaufmännischen Schriftverkehr ist der Geschäftsbrief A4 562
129 DIN 5008 (zuvor 676) das bekannteste Nachrichtenmittel; ihm 628
192 folgen genormte Vordrucke im Lieferantenverkehr: Rechnung, 691
257 Bestellung, Bestellungsannahme, Lieferschein/Lieferanzeige. 756

61 Gern verwendet werden auch die genormten Vordrucke für die 817
123 Kurzmitteilung und für den Pendelbrief. Nicht genormt sind 879
185 Vordrucke für unterschiedliche Einsatzgebiete im Büro, für 941
247 den Zahlungsverkehr und den Güter- und Nachrichtenverkehr. 1003

Hinweis: Das Zeichen für „gegen" ./. wird z. B. in Schriftsätzen bei Rechtsstreitigkeiten verwendet.

Die Zeichen # ' + * ^ ° < >

Der ANSI-Zeichensatz (II)

Sonderzeichen werden aus der ANSI-Tabelle wie folgt in den Text eingelesen:
Taste [Alt] betätigen und die Code-Nr. mit den Zifferntasten im Ziffernblock eingeben.

Alt 0163 = £	Alt 0241 = ñ	Alt 0176 = °	Alt 0169 = ©	Alt 0174 = ®
Alt 0134 = †	Alt 0181 = µ	Alt 0178 = ²	Alt 0123 = {	Alt 0091 = [
Alt 0231 = ç	Alt 0248 = Ø	Alt 0179 = ³	Alt 0125 = }	Alt 0093 =]

Wiederholung

1 Wir haben an Hausmann & Faber 6 1/2 % Provision überwiesen.
2 Für die Installation benötigen wir 7 3/4 m Starkstromkabel.
3 Die Verhandlung Sieber ./. Fritsch wird morgen fortgesetzt.

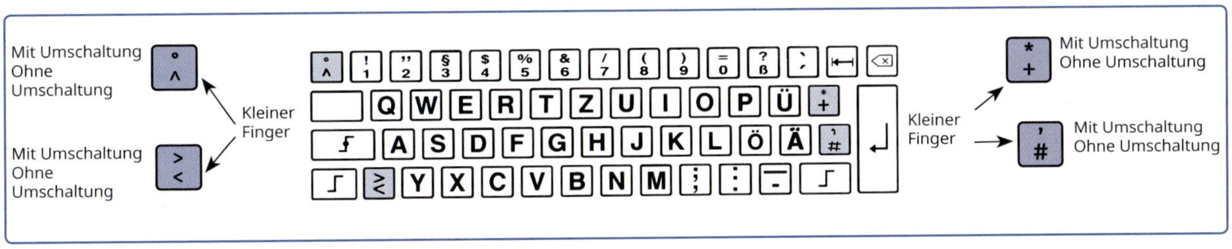

Erarbeitung und Anwendung: # und '

4 öäö ö#ö – Artikel # 5 (# = Nr.) – nur mit Zahlen verwenden!
5 Erledigen Sie bitte die Aufgaben # 9 und 10 bis übermorgen.

6 ö#ö ö'ö – Wie geht's? "Diese 'Leistung' reicht allmählich!"
7 Der Chef rief ihr zu: "Schauen Sie lieber im 'Duden' nach."

Erarbeitung und Anwendung: + und *

8 öüö ö+ö – Addition: 50 + 50 = 100; für "gestorben": † 1967.
9 Der Kaufpreis besteht aus: Warenwert + 19 % Mehrwertsteuer.

10 ö+ö ö*ö – Zeichen für "geboren": Thomas Faber * 1976-05-10.
11 Max Frisch, * 1911-05-15 in Zürich, † 1991-04-04 in Zürich.

Erarbeitung und Anwendung: ^ und °

Betätigen Sie mit dem linken kleinen Finger zuerst die Akzenttaste – danach die Buchstabentaste!

12 Mâcon, Rhône, Nîmes, Neuchâtel, Portô Alegre, Châteaubriant
13 Das Rhônedelta prägt die einmalige Landschaft der Camargue.

14 Die Temperatur beträgt heute nur 12 °C. Der Winkel hat 90°.
15 Wasser gefriert bei 0 °C – der Siedepunkt liegt bei 100 °C.

Erarbeitung und Anwendung: < und >

16 aya a<a – Zeichen für "Kleiner als ...": < 50 (= 0 bis 49).
17 < in Verbindung mit Buchstaben: < R (= Buchstaben A bis Q).

18 a<a a>a – Zeichen für "Größer als ...": > 99 (= 100 bis ~).
19 > in Verbindung mit Buchstaben: > R (= Buchstaben S bis Z).

Hinweis: Das numerisch angegebene Datum wird in der Reihenfolge Jahr-Monat-Tag mit Kurzstrich gegliedert. Es darf auch die Schreibweise in der Reihenfolge Tag, Monat, Jahr – gegliedert durch Punkt – verwendet werden: 03.12.2020. Die Jahreszahl sollte immer 4-stellig geschrieben werden. Das Zeichen für „gestorben" wird auch als Sonderzeichen („Langkreuz" oder „Lateinisches Kreuz") erzeugt.

Tabulieren

Einfach-Tab setzen:		Dezi-Tab setzen:	
Alt s b b	(= Layout, Absatz)	Alt s b b	(= Layout, Absatz)
Alt b	(= Tabstopps)	Alt b	(= Tabstopps)
Position eingeben: z. B. 21p10	(= Spalte 21)	Position eingeben: z. B. 42p10	(= Spalte 42)
Ausrichtung wählen: Alt l = linksbündig		Ausrichtung wählen: Alt d = dezimal	
Alt e	(= Festlegen)	Alt e	(= Festlegen)

Wenn alle Tab-Stopps gesetzt sind: Taste ⟵ betätigen.

Einzelnen Tab-Stopp löschen:		Alle Tab-Stopps löschen:	
Alt s b b	(= Layout, Absatz)	Alt s b b	(= Layout, Absatz)
Alt b	(= Tabstopps)	Alt b	(= Tabstopps)
Mit Pfeiltaste ↓ zu löschende Position markieren		Alt a	(= Alle löschen)
Alt n	(= Löschen)		

Tab-Stopp im Text ansteuern: Tab-Taste betätigen.

Die Aufstellung

Der Tab-Stopp ist beim Einfach-Tabulator an den Spaltenanfang zu setzen.

Spalte	21 T+	35 T+	45 T+
Name, Vorname	Zielort	Anreise	Unterkunft
Eggers, Manfred	Las Palmas	14. Mai	Las Canteras Sol
Hartung, Angelika	San Agustin	14. Mai	Atlantic Beach
Köslin, Beate	Maspalomas	21. Mai	Villa Don Carlos
Reichel, Tobias	Puerto Rico	21. Mai	Flamingo Playa

Aufgabe: Ergänzen Sie folgende Tabelle bis einschließlich „P“.

Spalte	16	31	46
Stadt	**Land**	**Fluss**	**Tier**
Augsburg	**Albanien**	**Aller**	**Affe**
B...			

Die Aufrechnung

Der Tab-Stopp ist beim Dezimal-Tabulator auf die Kommastelle (Dezimalstelle) zu setzen.

Spalte	21 T+	31 T+	42 DT+	56 DT+
Stereoanlage	21 358	3	1.200,00	3.600,00
Lautsprecherbox	40 332	2	980,00	1.960,00
CD-Player	37 941	2	825,00	1.650,00
				7.210,00
19 % MwSt.				1.369,90
				8.579,90

Aufgabe: Schreiben Sie folgenden Rechnungskern: Einfach-Tab 21 und 31, Dezi-Tab 44 und 58.
Winterreifen – 44365 – 2 – 145,00 – 290,00
Schneeketten – 60858 – 2 – 170,00 – 340,00
Felgen – 51367 – 2 – 105,00 – 210,00
MwSt. und Endsumme selbst ausrechnen!

Hinweis: Summen- bzw. Abschlussstriche werden auch durch Funktionen der jeweiligen Programme erzeugt.

Einrücken / Abschnittsgliederung

Einrücken

Einrücken während der Texterfassung:		Einrücken nachträglich:
Alt s	(= Layout)	Nur ein Absatz: Cursor in den Absatz
l	(= Einzug links)	Alt s l „Einzug Links" 2,5 cm ⟵
In Feld „Einzug Links":		Mehrere Absätze: Zuvor Textteil markieren
2,5 cm ⟵	(= Text wird 10 Zeichenschritte eingerückt)	

Einrückung in „Standard-Ausrichtung" umwandeln: Nur ein Absatz: Cursor in den Absatz – Strg q

Mehrere Absätze: Textteil markieren – Strg q

Wenn man sehr wichtige Textteile einrückt, fallen sie sofort ins Auge und gliedern den Text vorteilhaft.

> Einzug 2,5 cm
>
> Die Einrückung beginnt bei 2,5 cm - sie wird vom vorausgehenden und dem nachfolgenden Text durch je eine Leerzeile abgesetzt.

Die Einrückung ist ein "Absatz mit verändertem Anfangsrand".

Aufgabe: Schreiben Sie formgerecht (2. Zeile einrücken, ⌐ = Absatz):
In unseren Urlaubsgebieten am Mittelmeer finden Sie ⌐ Sonne, Strand und viel Abwechslung. Kurzentschlossene buchen die besonders günstigen Fortuna-Angebote.

Abschnittsgliederung

Abschnitte eines Textes werden in der Regel mit Abschnittsnummern (arabische Zählnummern) und einer Abschnittsüberschrift gekennzeichnet. Die Abschnitte der ersten Stufe werden in Abschnitte der weiteren Stufen unterteilt und benummert. Als Gliederungszeichen ist jeweils ein Punkt zu setzen. Am Ende der Abschnittsnummer steht **kein** Punkt.

In Inhaltsverzeichnissen (Überschrift: „Inhalt") beginnen alle Abschnittsnummern an derselben Fluchtlinie. Alle Abschnittsüberschriften – auch mehrzeilige – beginnen nach mindestens zwei Leerzeichen an einer weiteren Fluchtlinie. Das Inhaltsverzeichnis kann durch Seitenzahlen ergänzt werden (z. B. in Büchern).

```
Inhalt

1       Warenbeschaffung
1.1     Bedarfs- und Bezugsquellenermittlung
1.2     Zustandekommen des Kaufvertrages
1.2.1   Anfrage
1.2.2   Angebot

2       Lagerhaltung
2.1     Das Lager und seine Einrichtung
```

Aufgaben: 1. Ergänzen Sie obige Übersicht: 1.2.3 Bestellung, 1.2.4 Bestellungsannahme
2. Schreiben Sie formgerecht:
Inhalt

1 Pauschalreisen	2 Individuelle Urlaubsplanung	2.3 Hotelangebote
1.1 Nahziele in Europa	2.1 Flüge	2.3.1 Kurhotels
1.2 Fernziele in aller Welt	2.2 Rundreisen	2.3.2 Sporthotels

24 Die Worttrennung (Silbentrennung)

Manuelle Worttrennung

Beim Erfassen eines Textes mit automatischem Zeilenumbruch entsteht häufig ein sehr ungleichmäßiger rechter Rand, der die Wirkung des Schriftstückes beeinträchtigt. Schon während der Texterfassung oder auch nachträglich können daher an möglichen Trennstellen manuell „Trennvorschläge" eingegeben werden, die nur bei Bedarf wirksam werden.

Manueller Trennvorschlag: An möglicher Trennstelle die Tasten [Strg] [-] betätigen.

Automatische Worttrennung

Word verfügt über ein Silbentrennprogramm, das je nach Wahl Trennungen selbstständig durchführt oder Trennungen vorschlägt. Beim automatischen Trennen ohne Bestätigung muss mit einer geringen Fehlerquote gerechnet werden; es ist daher sicherer, das Trennen mit manueller Bestätigung durchzuführen.

Schritt	Was müssen Sie tun?	Erläuterung
1	Cursor an Textanfang	
2	[Alt] [s]	= Layout
3	[i] [m]	= Silbentrennung Manuell
4	Cursor steht an vorgeschlagener Trennstelle [Alt] [j] [Alt] [n] oder Cursor mit Pfeiltaste an gewünschte Trennstelle und anschl. mit [Alt] [j] bestätigen	 = Trennung wird bestätigt = Trennung wird nicht bestätigt Erforderlich, wenn das Programm eine falsche Trennstelle vorschlägt

Die Worttrennung

Bei einer Worttrennung können ⌐leicht Fehler unterlaufen. ⌐ sehr
Trennen Sie daher nur dann, wenn es unbedingt erforderlich
ist und wenn Sie sicher sind. Im Zweifelsfall schlagen Sie
lieber in einem Wörterbuch nach.

Deutsche Wörter trennt man nach Sprechsilben. Ein Mitlaut
des Wortstammes kommt ~~in der Regel~~ mit der Endung oder der ⊢⊣ meist
Nachsilbe in die nächste Schreibzeile: Sil-ben-tren-nung.
Die Mitlautfolgen ch, ck und sch bezeichnen einfache Laute
und bleiben ungetrennt: Bü-cher, Zu-cker, Fla-sche. Dies
gilt auch für ph und th: So-phie, Zi-ther. Ein einzelner
Vokal am Anfang des Wortes darf nicht abgetrennt werden.
Zusammengesetzte Wörter oder Wörter mit Vorsilben werden
nach ihren Bestandteilen getrennt: Wort-stamm, Vor-silbe.
Wird ein Wort nicht mehr als Zusammensetzung empfunden, so
ist auch die Trennung nach Sprechsilben korrekt: da-rauf.

Treten in einem deutschen Text ~~nur~~ einzelne fremdsprachige ⊢⊣ ß
Wörter, Wortgruppen oder kurze Sätze auf, dann trennt man
nach den deutschen Regeln: co-ming, swin-ging.

Aufgaben:
1. Erfassen Sie den Text fortlaufend ohne Worttrennung – speichern Sie ihn unter dem Namen *trenn*.
2. Führen Sie die Autorenkorrekturen aus. Geben Sie anschließend an den möglichen Trennstellen manuell Trennvorschläge ein und drucken Sie den Text aus.
3. Löschen Sie den Text im Arbeitsspeicher und laden Sie den Text *trenn*. Führen Sie die beiden Autorenkorrekturen aus; starten Sie anschließend das Silbentrennungsprogramm. Vergleichen Sie die vom Programm vorgeschlagenen Trennungen mit Ihren eigenen auf dem Ausdruck.

25 Das Verändern von Absätzen

Absatz einfügen – Korrekturzeichen:

- Cursor an den Anfang des ersten Wortes setzen, mit dem der neue Absatz beginnen soll
- Taste Return zweimal betätigen (Zwischen Absätzen ist eine Leerzeile)

Absatz aufheben – Korrekturzeichen:

- Cursor an den Anfang des aufzuhebenden Absatzes bringen
- Rücktaste (Back Space) zweimal betätigen

Einen Text gliedert man in Absätze, damit er übersichtlich wird und man den Inhalt leichter erfassen kann.

Ein Absatz umfasst in der Regel einen Gedankengang, der aus mehreren Sätzen besteht. Geschäftsbriefe wirken besonders gut, wenn etwa drei bis fünf Zeilen einen Absatz bilden.

Vermeiden Sie sehr lange Sätze – denken Sie an den Leser, der den Inhalt verarbeiten muss.

Aufgaben: 1. Schreiben Sie den Text in der ursprünglichen Form.
2. Führen Sie die Autorenkorrekturen aus.

Gesamtanschl.

Wie funktioniert das Textsystem?

64 Das Textsystem besteht aus Geräten und aus Programmen. Die
124 Geräte bezeichnet man als Hardware und die Programme als
190 Software. Zur Hardware gehören: Zentraleinheit, Bildschirm,
253 Tastatur, Plattenlaufwerk, optisches Laufwerk und Drucker.

314 Zur Software gehören das Betriebssystem und das Programm
376 für die Textverarbeitung. Beim Erfassen des Textes werden
438 die Zeichen mit einer Tastatur eingegeben. Sie gelangen in
498 den Arbeitsspeicher der Zentraleinheit und werden auf dem

558 Bildschirm nur angezeigt. Schreibfehler werden deshalb in
618 Wirklichkeit nicht auf dem Bildschirm berichtigt, sondern
681 im Arbeitsspeicher. Das Textsystem ist daher auch dann voll
742 funktionsfähig, wenn man den Bildschirm ausschaltet. Durch

804 das Abschalten der Zentraleinheit wird der Arbeitsspeicher
865 gelöscht und der darin befindliche Text ist weg. Daher ist
925 es erforderlich, den Inhalt zuvor auf der Platte oder auf
994 der CD/DVD zu speichern. Beim Speichervorgang wird der Text

1055 im Arbeitsspeicher auf den Datenträger kopiert. Damit man
1121 den Text wieder von der Platte oder von der CD/DVD in den
1182 Arbeitsspeicher einlesen kann, gibt man ihm beim Speichern
1245 einen Namen. Mit dem Namen wird er als Textdatei abgelegt.

1309 Der Name wird außerdem in das Inhaltsverzeichnis der Platte
1375 oder CD/DVD übernommen. Wenn man den Text drucken möchte,
1433 liest man ihn in den Arbeitsspeicher ein und löst danach
1496 den Druckbefehl aus. Bei vielen Textverarbeitungsprogrammen
1562 kann man Texte auch direkt von der Platte oder der CD/DVD
1570 drucken.

Aufgaben: 1. Erfassen Sie den Text in der ursprünglichen Form (s. oben); speichern Sie ihn mit dem Namen *system*.
2. Text bearbeiten:
a) Löschen Sie die bisherigen Absatzschaltungen.
b) Fügen Sie an den gekennzeichneten Stellen Absätze ein.
c) Trennen Sie an möglichen Trennstellen manuell oder mit dem Silbentrennungsprogramm.

Gesamtanschl.

Wie arbeiten interne und externe Speicher?

60 Die Speicher in einem Textsystem haben sehr verschiedene
122 Aufgaben zu erfüllen. Welcher Speicher für welche Aufgabe
182 geeignet ist, richtet sich danach, ob der schnelle Zugriff
243 auf einzelne Daten oder eine dauerhafte Speicherung großer
302 Datenmengen vorrangig ist. Man unterscheidet interne und

363 externe Speicher. Interne Speicher arbeiten elektronisch.
424 Sie ermöglichen den schnellsten Zugriff auf die Daten und
483 unterliegen keiner mechanischen Abnutzung. Man verwendet
557 zwei Arten: ROM-Speicher und RAM-Speicher. Im ROM-Speicher
618 (Read only memory) sind die Daten fest eingebrannt - vom

678 Anwender können sie nicht gelöscht werden. Hier speichert
737 man Programmteile des Betriebssystems, die immer schnell
797 zur Verfügung stehen müssen und das einwandfreie Arbeiten
863 der Anlage gewährleisten. Der RAM-Speicher (Random access
926 memory) ist der Arbeitsspeicher für den Anwender. Er nimmt

986 z. B. das Textverarbeitungsprogramm auf und speichert den
1049 vom Anwender erfassten Text. Beim Ausschalten des Systems
1115 werden alle Daten im RAM-Speicher gelöscht. Zum dauerhaften
1176 Speichern verwendet man daher externe Datenträger. In der
1236 Textverarbeitung sind das vor allem die Magnetplatte oder

1303 die CD/DVD. Die Magnetplatte ist in der Regel fest in der
1366 Zentraleinheit eingebaut; es gibt für Textsysteme aber auch
1429 auswechselbare Magnetplatten. Die Platte hat eine sehr hohe
1494 Speicherkapazität. Je nach Ausführung können im PC-Bereich
1555 heute bis zu mehrere Billionen Zeichen gespeichert werden.

1614 Die Magnetplatte dreht sich ständig mit einer sehr hohen
1680 Geschwindigkeit. Die Daten werden mit dem Schreib-/Lesekopf
1747 gespeichert oder gelesen. Die CD/DVD dreht sich nur während
1807 des Speicher- bzw. Lesevorganges in einer viel geringeren
1870 Geschwindigkeit. Der Zugriff auf die Daten erfolgt mit dem

1929 Laserstrahl, deshalb spricht man auch von einem optischen
1993 Laufwerk. Damit beim Speichern oder Lesen nicht die gesamte
2059 Magnetplatte bzw. die gesamte CD oder DVD durchsucht werden
2122 muss, werden die Datenträger beim Formatieren in Spuren und
2185 Sektoren unterteilt. Die Nummer der Spur und des Sektors,

2245 in dem der Text gespeichert ist, werden mit dem Textnamen
2308 im Inhaltsverzeichnis abgelegt. Beim Lesen des Textes wird
2372 der Schreib-/Lesekopf bzw. der Laserstrahl wie der Arm des
2434 Plattenspielers innerhalb von Millisekunden an die richtige
2500 Stelle gebracht. Beim USB-Stick werden die Daten auf einem

2561 Flash-Speicher elektronisch gespeichert, daher sind sowohl
2621 das Speichern als auch das Lesen außerordentlich schnell.
2685 USB-Speichersticks kann man wegen ihrer kompakten Bauweise
2724 sehr gut transportieren oder versenden.

Aufgaben:
1. Erfassen Sie den Text in der ursprünglichen Form.
2. Speichern Sie den Text mit dem Namen *speicher*.
3. Löschen Sie die bisherigen Absatzschaltungen.
4. Fügen Sie an den gekennzeichneten Stellen Absätze ein.
5. Trennen Sie am Zeilenende an möglichen Trennstellen manuell oder mit dem Silbentrennungsprogramm.

26 Textteile löschen, kopieren oder versetzen

Textteil löschen

Schritt	Was müssen Sie tun?	Erläuterung
1	Textteil markieren	
2	Strg x oder Entf	= Ausschneiden (Textteil wird im Dokument gelöscht und im „Zwischenspeicher“ abgelegt; er kann wieder eingefügt werden) = Textteil wird endgültig gelöscht

Textteil kopieren

Schritt	Was müssen Sie tun?	Erläuterung
1	Textteil markieren	
2	Strg c	= Kopieren (Textteil wird in den „Zwischenspeicher“ kopiert; er bleibt im Dokument an der ursprünglichen Stelle erhalten)
3	Cursor an Einfüge-Position setzen	
4	Strg v	= Einfügen (Textteil wird an der Cursor-Position eingefügt)

Textteil versetzen

Schritt	Was müssen Sie tun?	Erläuterung
1	Textteil markieren	
2	Strg x	= Ausschneiden (Textteil wird im Dokument gelöscht und im „Zwischenspeicher“ abgelegt)
3	Cursor an Einfüge-Position setzen	
4	Strg v	= Einfügen (Textteil wird an der Cursor-Position eingefügt)

Textteile löschen, kopieren, versetzen

Textteil markieren. Wenn Sie einen Teil des Textes löschen, kopieren oder an eine andere Textstelle versetzen wollen, müssen Sie zuerst den Anfang und das Ende dieses Textteils bestimmen; den Vorgang nennt man „Markieren“.

Textteil löschen. Soll der zuvor markierte Teil des Textes gelöscht werden, dann geben Sie den Löschbefehl ein – der folgende Text rückt automatisch nach.

Textteil kopieren. Wird der bereits markierte Textteil auch an anderen Stellen des Textes benötigt, dann kopieren Sie ihn in den Zwischenspeicher. Nun bringen Sie den Cursor an die entsprechende Schreibposition und fügen ihn an dieser Stelle ein.

Textteil versetzen. Möchten Sie den markierten Textteil an eine andere Stelle im Text versetzen, dann löschen Sie ihn an der bisherigen Stelle mit dem Befehl „Ausschneiden“. Da der Textteil gleichzeitig in den Zwischenspeicher kopiert wird, können Sie ihn an der neuen Stelle einfügen.

Aufgaben:
1. Erfassen Sie den Text (s. oben) und speichern Sie ihn mit dem Namen *block*.
2. Kopieren Sie den zweiten Absatz an das Textende.
3. Versetzen Sie den dritten Absatz unter den ersten.
4. Ein Absatz steht jetzt zweimal im Text – löschen Sie den oberen.
5. Speichern Sie den Text *block* in der neuen Form (überschreiben) und drucken Sie ihn aus.

Welche Drucker sind für Textsysteme geeignet?

Gesamtanschl.

Für Computer und Textsysteme werden verschiedene Drucker 61
angeboten. Welchen Drucker man einsetzt, hängt vor allem 120
von der Anwendung ab. Nach dem Druckverfahren unterscheidet 183
man grundsätzlich zwischen mechanischen (impact) Druckern 244
und nicht mechanischen (non impact) Druckern. 293

Bei einem mechanischen Drucker gelangt das Schriftzeichen 354
durch einen „Anschlag" auf das Papier; deshalb können auch 418
Durchschläge erstellt werden. Das Schriftzeichen kann als 479
ganzes Zeichen auf dem Typenträger untergebracht sein oder 540
es kann mit Nadeln in einer Punktmatrix dargestellt werden. 602

Als Typenträger für ein ganzes Zeichen werden Typenhebel, 664
Typenkugel oder Typenrad verwendet. Typenhebel und -kugel 725
haben heute nur noch eine geringe Bedeutung. Einen Drucker 787
mit Typenrad wird man dann verwenden, wenn man Durchschläge 849
anfertigen möchte, auf Grafik verzichten kann und wenn eine 910
Druckgeschwindigkeit von 70 Zeichen pro Sekunde ausreicht. 972

Nadeldrucker erzeugen das Schriftzeichen in einer Matrix 1032
mit Nadeln, die von Elektromagneten beschleunigt werden. 1091
In der Textverarbeitung werden meist Drucker mit 24 Nadeln 1154
verwendet. Sie schreiben in Korrespondenzqualität bis zu 1213
200 Zeichen pro Sekunde und in Schnellschrift sogar bis zu 1275
400 Zeichen pro Sekunde. Der Druck in Schönschrift ist nur 1339
wenig schlechter als die Schrift des Typenraddruckers. Der 1401
Nadeldrucker eignet sich auch für Grafik. 1445

Nicht mechanische Drucker arbeiten anschlagfrei und können 1506
deshalb keine Durchschläge erzeugen. Zu ihnen gehören der 1566
Thermodrucker, der Farbstrahldrucker und der Laserdrucker. 1628

Der Thermodrucker erzeugt die Schriftzeichen mit sehr hoher 1691
Temperatur. Schriftelemente werden bis zu 300 Grad erhitzt 1753
und gegen ein Spezialfarbband gedrückt. Dadurch lösen sich 1814
Farbteilchen und gelangen auf das Papier. 1858

Beim Farbstrahldrucker werden die Schriftzeichen aus einer 1920
oder aus mehreren Düsen in einer Punktmatrix auf das Papier 1983
gesprüht. Wegen der hohen Punktdichte entsteht ein guter 2042
Ausdruck. Farbstrahldrucker arbeiten sehr leise; sie können 2105
verschiedene Schriftarten und Grafik darstellen. 2156

Die Laserdrucker arbeiten nach dem gleichen Prinzip wie die 2219
elektrostatischen Kopiergeräte. Ein Laserstrahl „schreibt" 2283
den Text und/oder die Grafik auf eine elektrisch geladene 2344
Trommel im Drucker. Der Toner wird nur an den beschrifteten 2408
Stellen auf das Papier übertragen und mit Hitze und Druck 2470
fixiert. Die Laserdrucker sind leise, haben eine sehr gute 2531
Druckqualität und die höchste Druckgeschwindigkeit. 2584

Aufgaben:
1. Erfassen Sie den Text und speichern Sie ihn mit dem Namen *drucker*.
2. Versetzen Sie die Ausführungen über mechanische Drucker (Absätze 2 bis 4) an das Textende.
3. Kopieren Sie den Absatz über „Thermodrucker" unter den Absatz über „Farbstrahldrucker".
4. Löschen Sie den oberen Absatz über „Thermodrucker".
5. Speichern Sie den Text drucker in der neuen Form (überschreiben) und drucken Sie ihn aus.

27 Was gilt als Fehler? / Schreibung der Straßennamen

Fehlerarten in der Textverarbeitung

- jede nicht beachtete oder falsch ausgeführte Autorenkorrektur
- jeder sinnstörende Fehler (z.B. durch Löschen, Überschreiben oder Einfügen)
- jeder fehlende oder falsch aufgerufene Textbaustein
- jede nicht oder falsch eingegebene Variable
- jedes fehlende oder falsch aufgerufene Datenfeld
- jeder falsch aufgerufene Datensatz
- jedes falsche, zu viel geschriebene, fehlende oder umgestellte Schriftzeichen
- jeder Rechtschreibfehler
- jedes falsche, zu viel geschriebene, fehlende oder umgestellte Wort
- jede nicht erfasste, an falscher Stelle eingefügte, umgestellte oder gelöschte Zeile
- jeder Absatzfehler
- jeder Verstoß gegen DIN 5008

In einem Wort wird nur ein Fehler angerechnet. In zusammengesetzten Wörtern, die mit Bindestrich verbunden sind, gilt jeder Teil als Wort. Fehler, die auf eine Störung des Systems zurückzuführen sind, bleiben unberücksichtigt.

Die Schreibung der Straßennamen

1. Ist das Bestimmungswort ein Hauptwort oder ein Eigenschaftswort ohne Beugungsendung, so verschmilzt es mit dem Grundwort zu einem Wort.
   Gartenallee, Waldweg, Neumarkt, Wiesengrund, Rheinpromenade
   Schillerstraße, Alexanderplatz, Hauptwache, Kurgartenstraße
2. Straßennamen mit mindestens zwei Bestimmungswörtern (zwei Namen oder einen Titel und einen Namen) schreibt man getrennt mit Bindestrich.
   Ernst-August-Platz, Richard-Wagner-Weg, Dr.-Nieper-Chaussee
   Friedrich-von-Schiller-Straße, Erhard-Kruse-Gedächtnis-Ring
3. Wenn das Bestimmungswort ein Eigenschaftswort mit Beugungsendung oder eine von Orts- und Ländernamen abgeleitete Wortform ist, werden Straßennamen in zwei Wörtern geschrieben.
   Hoher Weg, Alter Markt, Lange Gasse, Neues Eck, Freier Pfad
   Leipziger Straße, Französisches Tor, Gerolzhofener Landwehr
4. Steht ein Verhältniswort am Anfang des Straßennamens, dann ist es großzuschreiben.
   An den Schrevenwiesen, Auf dem Mühlberg, In den Stadtgärten
   Unter den Brücken, Im Bäckerkamp, Am Bocksberg, An der Isar
5. Folgt auf ein Verhältniswort ein Eigenschaftswort, so muss auch dieses großgeschrieben werden.
   Im Grünen Winkel, Platz am Alten Tor, Hinter dem Langen Eck
   An der Schönen Aussicht, Unter dem Neuen Damm, Am Hohen Weg

Straßennamen und ihre Bedeutung

Anschl. je Block		Gesamtanschl.
65	Die Straßennamen der Orte und Städte erzählen oft ein Stück	65
130	Geschichte. So erinnert der Straßenname Altes Dorf an die	130
196	erste Siedlung einer Stadt. Namen wie Burgweg, Hoher Wall	196
260	oder Am Breiten Tor weisen auf ehemalige Befestigungen hin.	260
62	Vom Innungsleben des Mittelalters berichten Bezeichnungen	322
126	wie Bäckerstraße, Schmiedegasse, Schuhhof, Schneiderwinkel,	386
190	Bleicheweg, Töpferstieg. Sie lassen darauf schließen, dass	450
253	Handwerker gleicher Art oft in der gleichen Straße wohnten.	513
64	Bedeutenden Personen der Stadt oder der Nation setzte man	577
130	durch den Straßennamen ein Denkmal: Professor-Naumann-Steg,	643
197	Bürgermeister-Papen-Straße, Goetheplatz, Hermann-Löns-Weg,	710
262	Ludwig-van-Beethoven-Allee, Schillerstraße, Gutenbergring.	775
63	Viele Straßennamen bezeichnen auch die Lage der Straße im	838
129	Gebiet der Stadt, z. B. Elbchaussee, An der Steilen Trift.	905
192	Manche Namen nennen die nächste Stadt, die man auf dieser	967
258	Straße erreicht: Braunschweiger Straße, Magdeburger Straße.	1033

Aufgaben: 1. Schreiben Sie die Regeln über die Schreibung von Straßennamen mit dem Textsystem ab.
2. Ordnen Sie anschließend die Straßennamen aus dem Übungstext den Regeln zu und ergänzen Sie damit die Beispiele zu jeder Regel.

Das Anschriftfeld

5	·		Zusatz- und Vermerkzone
4	·		
3	·		
2	Einzeilige Rücksendeangabe des Absenders	Print & Co. KG, Postfach 13 63, 99999 Musterstadt	
1	Zusätze und Vermerke	Einschreiben Einwurf	
1	Empfängerbezeichnung	Frau	Anschriftzone
2	Empfängerbezeichnung	Susanne Veit	
3	Postfach oder Straße mit Hausnummer	Fuggerstraße 15	
4	Postleitzahl, Bestimmungsort	86150 Augsburg	
5	·		
6	·		

Fensterbriefhülle DL DIN 680 (110 x 220 mm) mit Falzmuster (verkleinert)

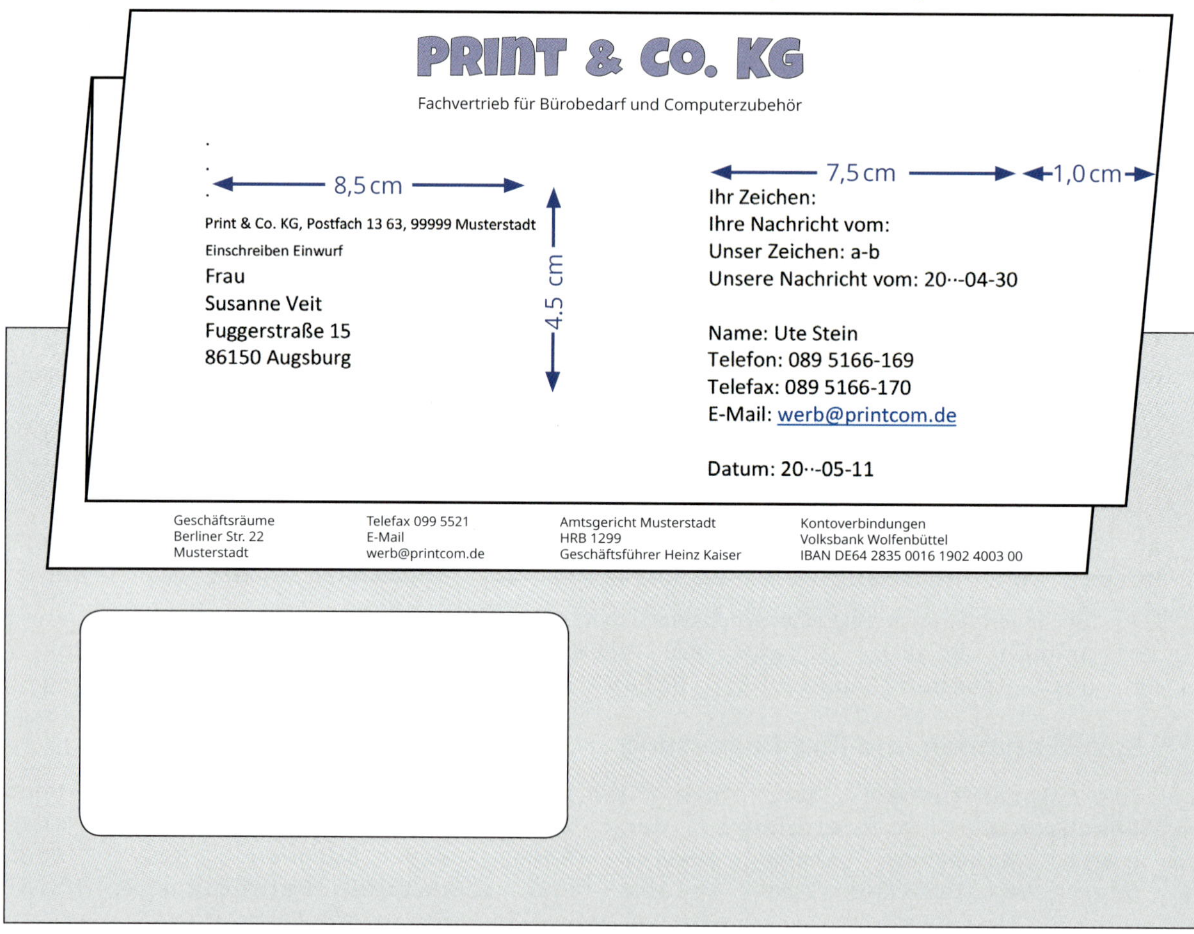

Die Zusatz- und Vermerkzone – Die Anschriftzone

Das Feld für die Anschrift ist gegliedert in eine **Zusatz- und Vermerkzone mit integrierter Rücksendeangabe** und in eine **Anschriftzone**. Die Zusatz- und Vermerkzone ist 17,7 mm hoch und 85 mm breit. Für diesen Teil sind 5 Zeilen vorgesehen, einzeilig, Schriftgröße 8 Punkt. Die Rücksendeangabe steht jeweils an oberster Position. Zusätze und Vermerke sind z. B. Vorausverfügungen wie „Nicht nachsenden!", Produktbezeichnungen wie „Warensendung" und/oder Produktbezeichnungen, z. B. „Einschreiben" und elektronische Frankiervermerke.

Der untere Teil des Anschriftfeldes, die Anschriftzone, schließt mit den Maßen 27,3 mm x 85 mm unmittelbar an die Zusatz- und Vermerkzone an. Es sind 6 Zeilen dafür vorgesehen.

Musteranschriften

Frau Martina Heidecke Stephansplatz 3 // W 58 20354 Hamburg Wohnung 58 im Haus Nr. 3	Warensendung Eheleute Britta und Frank Opitz Am Breiten Tor 2 // III 56077 Koblenz 3. Stockwerk im Haus Nr. 2
Einschreiben Einwurf Herrn Dieter Hundertmark bei Hinsemann Potsdamer Platz 10 39104 Magdeburg Empfänger ist Untermieter Wohnungsinhaber	Express Herrn Patentanwalt Dipl.-Ing. Werner Lins Hermann-Löns-Weg 49 a 13156 Berlin Berufsbezeichnung Akadem. Grad
Herrn Hans Schreiber Pneuma Reifenwerke AG Mittlerer Ring 158 81925 München Privatbrief, wird ungeöffnet weitergeleitet	Fantasy Collection KG Frau Christine Schick Postfach 3 05 47 71634 Ludwigsburg Firmenbrief, wird geöffnet und an Frau Schick weitergeleitet
Einschreiben Finanzamt Krefeld Lohnsteuerstelle An der Abzucht 6-9 47839 Krefeld	Signor Francesco Capparelli Via Giardini 3 33054 LIGNANO ITALIEN Auslandsanschrift: Bestimmungsort und Bestimmungsland in Großbuchstaben

Aufgaben: Gestalten Sie folgende Anschriften:

1. Herrn Thomas Lechner, Am Elbufer 26, 01219 Dresden
2. Eheleute Silke und Rainer Overbeck, Breite Straße 78 // W 46, 51377 Leverkusen
3. Warensendung, Herrn Bernd Eggers bei Schilling, Fritz-Reuter-Weg 46, 28203 Bremen
4. Einschreiben, Frau Rechtsanwältin Monika Kluge, Am Hochgericht 15, 86150 Augsburg
5. Frau Susanne Siebert, Christal Cosmetic GmbH, Postfach 24 65 12, 68259 Mannheim
6. Bürobedarf Neumann & Steinhoff OHG, Herrn Heitkamp, Wiesbadener Str. 17–19, 55129 Mainz
7. Deutsches Patentamt, Zweibrückenstraße 12, 80331 München
8. Appartamenti Villa Anita, Viale Europa 127, 36042 RIMINI, ITALIEN

Musterbrief Format A4 (verkleinert)

MUSTER KG

Muster KG, Postfach 13 63, 99999 Musterstadt
Einschreiben Einwurf
Frau
Beate Kleine
Am Hopfengarten 13
60320 Frankfurt

Ihr Zeichen:	kl-schwa
Ihre Nachricht vom:	20..-08-06
Unser Zeichen:	ma-ka
Unsere Nachricht vom:	
Name:	Max Muster
Telefon:	0999 0123-456
Telefax:	0999 0123-78
E-Mail:	max@musterkg-wvd.de
Datum:	20..-8-17

Angebot über Computerzubehör

2 Leerzeichen = 3 x schalten

Sehr geehrte Frau Kleine,

1. Absatz

xxxxxxxxxxxxxxxxxxxxxxxxxxxxxxxxxxxxxxxxxxxxxxxxxxxxxxxxxxxxxxxxxxxxxxxxxxxxxxxxxxxx
xxxxxxxxxxxxxxxxxxxxxxxxxxxxxxxxxxxxxxxxxxxxxxxxxxxxxxxxxxxxxxxxxxxxxxxxxxxxxxxxx
xxxxxxxxxxxxxxxxxxxxxxxxxxxx

1 Leerzeichen = 2 x schalten

2. Absatz

xxxxxxxxxxxxxxxxxxxxxxxxxxxxxxxxxxxxxxxxxxxxxxxxxxxxxxxxxxxxxxxxxxxxxxxxxxxxxxxxxxxx
xxxxxxxxxxxxxxxxxxxxxxxxxxxxxxxxxxxxxxxxxxxxxxxxxxxxxxxxxxxxxxxxxxxxxxxxxxxxxxxxxx
xxxxxxxxxxxxxxxxxxxxxxxxxx

3. Absatz

xxxxxxxxxxxxxxxxxxxxxxxxxxxxxxxxxxxxxxxxxxxxxxxxxxxxxxxxxxxxxxxxxxxxxxxxxxxxxxxxxxx
xxxxxxxxxxxxxxxxxxxxxxxxxxx

Randzone

Mit freundlichem Gruß

Muster KG

In der Regel
3 Leerzeichen = 2 x schalten

Max Muster

Anlagen
2 Prospekte

Verteiler
Herrn Groß

Berliner Straße 22
99998 Musterstadt

Amtsgericht Musterstadt HRB 1299
Geschäftsführer Moritz Muster

Volksbank Musterstadt
IBAN DE12 2345 6789 1234 5678 00

- ◀ Briefkopf
- ◀ Rücksendeangabe des Absenders
- ◀ Empfängeranschrift/ Informationsblock
- ◀ Betreff: Bei längerem Text mehrzeilig.
- ◀ Anrede
- ◀ Brieftext: Der Brieftext wird nach Umfang und Inhalt zweckmäßig gegliedert. Maximales Zeilenende von der rechten Blattkante 1,0 cm. Empfohlen: 2,0 cm.
- ◀ Gruß
- ◀ Firmenbezeichnung
- ◀ Unterzeichnerangabe
- Anlagenvermerk
- ◀ Verteilvermerk
- ◀ Feld für Geschäftsangaben

Der Informationsblock

Der Informationsblock enthält Leitwörter, Bezugszeichen und Kommunikationsangaben. Er steht rechts neben dem Feld für die Anschrift des Empfängers. Man unterscheidet zwischen **Standardinformationsblock** und **gestaltetem Informationsblock**. Beim „Standardinformationsblock" erfolgen die Angaben direkt hinter dem Leitwort in der im Brief verwendeten Schriftart und -größe.

Bei einem „gestalteten Informationsblock" sollten die Angaben mit angemessenem Abstand (mind. ein Leerzeichen) an einer neuen Fluchtline beginnen. Einzelne Angaben, z. B. E-Mail-Adresse, Internetadresse, dürfen bei Bedarf auch in kleinerer Schriftgröße geschrieben werden, mindestens jedoch 8 Punkt.

Die ALPI Wohnwelt GmbH bittet die Print & Co. KG um Vorschläge für eine effektive Gestaltung der Schreibarbeit und um entsprechende Ausstattungsvorschläge. Herr Sommer diktiert, Frau Niemetz schreibt.

Briefmuster Format A4 Form B

45 mm

Wohnwelt ALPI

Exklusive Möbel für Büro und Heim

Gestalteter Informationsblock

Ihr Zeichen:	
Ihre Nachricht vom:	
Unser Zeichen:	so-ni
Unsere Nachricht vom:	
Name:	Peter Sommer
Telefon:	0511 21234-419
Telefax:	0511 1213
E-Mail:	sommer@alpi-wvd.de
Datum:	19.02.20..

ALPI Wohnwelt GmbH, Postfach 16 20, 30419 Hannover
Print & Co. KG
Postfach 13 63
38299 Wolfenbüttel

Das Kalenderdatum darf auch in der Reihenfolge Tag - Monat - Jahr, gegliedert durch Punkt, geschrieben werden.

Anfrage nach Computersystemen

Sehr geehrte Damen und Herren,

wir sind ein mittelständisches Unternehmen und möchten den schreibtechnischen Bereich neu organisieren.

Bisher arbeiten wir mit einem Textverarbeitungsprogramm an Einzelplatz-PCs. Das Programm ist zwar sehr komfortabel zu bedienen, aber der Datenaustausch mit anderen Programmen ist nur begrenzt möglich.

Vor allem beim Schreiben von Serienbriefen müssen wir auf die aktuellen Datenbestände jederzeit zugreifen können. Von jedem Platz aus muss es möglich sein, nach Anschriften und Inhalten zu selektieren.

Unterbreiten Sie uns bitte Vorschläge, wie die Schreibarbeit effektiver gestaltet werden kann und welche Ausstattung wir dafür benötigen.

Mit freundlichem Gruß

ALPI Wohnwelt GmbH

P. Sommer

Peter Sommer

Hildesheimer Straße 12
30169 Hannover

Amtsgericht Hannover HRB 3344
Geschäftsführer Peter Sommer

Postbank Hannover
IBAN DE39 2502 0033 0751 0416 05

Der einfache Brief mit Anlagen- und Verteilvermerk

Aufgrund der Anfrage schickt die Print & Co. KG ein Angebot. Frau Stein diktiert, Frau Wolters schreibt.

27 mm

Briefmuster Format A4
Form B

PRINT & CO. KG

Fachvertrieb für Bürobedarf und Computerzubehör

Print & Co. KG, Postfach 13 63, 38299 Wolfenbüttel
ALPI Wohnwelt GmbH
Herrn Sommer
Hildesheimer Straße 12
30169 Hannover

Ihr Zeichen:	so-ni
Ihre Nachricht vom:	20..-02-19
Unser Zeichen:	st-wo
Unsere Nachricht vom:	
Name:	Ute Stein
Telefon:	05331 5166-234
Telefax:	05331 5521
E-Mail:	stein@printco-wvd.de
Datum:	20..-8-17

Angebot über eine Netzwerk-Lösung mit Server, zentralem Drucker, Arbeitsplatzcomputern und Office-Paket

Sehr geehrter Herr Sommer,

für einen direkten Zugriff auf die aktuellen Daten von jedem Arbeitsplatz aus ist eine Netzwerk-Lösung erforderlich. Es ist möglich, die Programme und Daten direkt an den Arbeitsplätzen zu speichern oder zentral auf einem Server.

Die Bereitstellung eines Servers bedeutet in der Anschaffung höhere Kosten. Für die Berechnung der Gesamtkosten sind aber auch der Aufwand für die Systemeinrichtung und die laufende Systemadministration zu berücksichtigen.

Bei Verwendung eines zentralen Druckers ist nur ein Gerät zu warten, außerdem sind die Kosten pro Ausdruck wesentlich geringer.

Unser Systemberater, Herr Brückner, würde Sie gern besuchen und Ihnen die vielfältigen Möglichkeiten zeigen. Sie werden mit ihm sicher die beste Lösung finden. Teilen Sie ihm auf der beiliegenden Antwortkarte bitte einen Besuchstermin mit.

Freundliche Grüße

Print & Co. KG

Ute Stein

Ute Stein

Anlagen
Gesamtprospekt
Antwortkarte

Anlagen- und Verteilervermerke dürfen durch Fettschrift hervorgehoben werden.

Verteiler
Herrn Brückner

Harzstraße 22
38300 Wolfenbüttel

Amtsgericht Wolfenbüttel HRB 1299
Geschäftsführerin Ute Stein

Volksbank Wolfenbüttel
IBAN DE64 2835 0016 1902 4003 00

Die ALPI Wohnwelt GmbH wünscht den Besuch des Systemberaters und schlägt einen Besuchstermin vor. Außerdem hat sie noch eine Rückfrage. Herr Sommer diktiert, Frau Niemetz schreibt.

Print & Co. KG
Frau Stein
Postfach 13 63
38299 Wolfenbüttel

I.Z.	st-wo
I.N.v.	24.02.20..
U.Z.	so-ni
u.N.v.	19.02.20..
Tel.	419
Name	Herr Sommer
Datum	01.03.20..

Vorschlag für Besuchstermin – Rückfrage

Sehr geehrte Frau Stein, ⌐ vielen Dank für Ihr Angebot. Wir würden uns freuen, wenn uns Ihr Systemberater am kommenden Donnerstag um 09:00 Uhr besuchen könnte. ⌐ Zuvor haben wir jedoch noch eine grundsätzliche Frage, die wir mithilfe Ihres Gesamtprospektes nicht eindeutig klären konnten. ⌐ Worin unterscheidet sich bei der täglichen Arbeit die einfache Vernetzung von der Lösung mit Server? Wir haben anhand des Gesamtprospektes den Eindruck gewonnen, dass man mit beiden das Gleiche erreichen kann. ⌐ Bitte erklären Sie uns kurz die wesentlichen Unterschiede, damit wir eine bessere Entscheidungsgrundlage haben. ⌐ Mit freundlichen Grüßen ⌐ ALPI Wohnwelt GmbH ⌐ Peter Sommer

Die Print & Co. KG bestätigt den Besuchstermin und beantwortet die Rückfrage. Frau Stein diktiert, Frau Wolters schreibt.

ALPI Wohnwelt GmbH
Herrn Sommer
Hildesheimer Str. 12
30169 Hannover

I.Z.	so-ni
I.N.v.	20..-03-01
U.Z.	st-wo
u.N.v.	
Tel.	234
Name	Frau Stein
Datum	20..-03-03

Bestätigung des Besuchstermins – Ihre Rückfrage

Sehr geehrter Herr Sommer, vielen Dank für Ihren Brief. Unser Systemberater, Herr Brückner, wird Sie am Donnerstag, den 10. März um 9 Uhr besuchen. Grundsätzlich ist es richtig, dass man auch bei einer einfachen Vernetzung von jedem Platz auf zentrale Daten zugreifen kann. Diese Daten müssen auf der Festplatte eines beliebigen Arbeitsplatzcomputers gespeichert werden. Während des Zugriffs auf die Daten von zentral auf dem Server gespeichert. Für die Verwaltung und Bereitstellung der Daten steht immer die Gesamtleistung des Servers zur Verfügung. Der Zugriff auf die Daten kann durch die Vergabe der Rechte besser gesteuert werden. Es ist daher einfacher, die Daten vor unberechtigtem Zugriff zu schützen und zu protokollieren. Freundliche Grüße Print & Co. KG Ute Stein Verteiler Herrn Brückner

Die Firma

Anschl. je Block		Gesamt-anschl.
61	Die Firma ist der Name, unter dem ein Vollkaufmann seine	61
122	Geschäfte betreibt und mit dem er unterschreibt. Unter der	122
181	Firma kann er klagen oder verklagt werden. Er wird unter	181
241	dem Namen auch bekannt und kann einen guten Ruf erwerben.	241
63	Nach dem Grundsatz der Firmenwahrheit/Firmenklarheit muss	304
124	für jedermann ersichtlich sein, wer hinter der Firma steht.	385
186	Eine neue Firma muss sich von Firmen am gleichen Ort, die	427
247	bereits im Handelsregister eingetragen sind, unterscheiden.	488
63	Die Firma des Einzelkaufmanns kann eine Personen-, Sach-,	551
125	Fantasie- oder Mischfirma sein. Ein Rechtsformzusatz ist	613
186	notwendig, z. B. Schmidtdiehl eingetragener Kaufmann bzw.	674
252	eingetragene Kauffrau, CP Computer e. K., Centronic e. Kfr.	741
64	Bei Personengesellschaften sind ebenfalls Personen-, Sach-,	805
126	Fantasie- oder Mischfirmen möglich. Der Rechtsformzusatz	867
189	ist notwendig und lautet "Offene Handelsgesellschaft" oder	930
257	"OHG". Bezeichnungen wie Lichtenberg & Co. sind unzulässig.	998

30 Hervorhebungen, Teilbetreff

Hervorhebungen

Besonders wichtige Textteile können hervorgehoben werden durch:

> Einrücken (Einzug 2,5 cm)
> Zentrieren (= Einmitten)
> "Anführungszeichen"
> Wechsel der Schriftart
> Wechsel der Schriftgröße
> **Fettschrift**
> *Kursivschrift*
> GROSSBUCHSTABEN
> Farbe

Eingerückte und zentrierte Textteile sind vom vorausgehenden und vom folgenden Text durch je 1 Leerzeile abzusetzen.

Im Geschäftsbrief empfiehlt sich für die mehrzeilige Hervorhebung das Einrücken (s. S. 59) und für die einzeilige Hervorhebung das Zentrieren (s. S. 60).

Teilbetreff

Teilbetreff. Der Teilbetreff ist eine Inhaltsangabe, die sich auf einen bestimmten Briefteil bezieht. Er beginnt an der Fluchtlinie, endet mit einem Punkt und wird hervorgehoben durch Fettschrift und/oder Farbe. Der Text wird unmittelbar angefügt.

Anschl. je Block	Das Hervorheben von Textteilen	Gesamt-anschl.
63	Im Geschäftsbrief möchte man dem Empfänger etwas mitteilen.	63
127	Aufgrund der Vielzahl der Briefe wird der gesamte Text aber	127
188	nicht immer so aufmerksam gelesen, wie es sich der Absender	188
250	wünscht. Es empfiehlt sich daher, sehr wichtige Textstellen	250
309	so hervorzuheben, dass sie einfach nicht zu übersehen sind.	310
63	Nach den "Regeln für Textverarbeitung" wird hervorgehoben	373
127	durch Formatieren von Zeichen und/oder durch Sonderstellung	337
191	im Textraum. Zeichen formatiert man z. B. durch Wechsel der	501
256	Schriftart und Schriftgröße, Fettschrift, Anführungszeichen,	566
319	Kursivschrift, Großbuchstaben; das Kombinieren ist erlaubt.	630
63	Zu den Hervorhebungen durch Sonderstellung eines Textteils	693
126	im Textraum gehören das Einrücken und das Zentrieren. Eine	756
186	Einrückung beginnt bei 2,5 cm - beim Zentrieren wird der	816
248	Textteil in die Mitte des Schreibraumes gestellt. Vor und	878
310	nach der Einrückung oder dem Zentrieren ist eine Leerzeile.	941
61	Mit dem Textsystem kann die Formatierung entweder während	1002
122	der Texterfassung oder nach der Texterfassung durchgeführt	1063
185	werden. Beim Formatieren während der Texterfassung wird die	1126
246	Funktion eingeschaltet, dann wird der hervorzuhebende Text	1187
306	geschrieben, danach wird die Funktion wieder ausgeschaltet.	1248
63	Zum nachträglichen Formatieren muss der gewünschte Textteil	1311
122	zuerst markiert werden und anschließend wird die Funktion	1370
183	ausgelöst. Wurde das Markieren vergessen, dann wird in der	1431
244	Zeichenformatierung nur das Zeichen an der Cursorposition	1492
304	und beim Zentrieren nur die aktuelle Textzeile formatiert.	1552

Der Brief mit Hervorhebung, Teilbetreff

Die Einkaufsabteilung der ALPI Wohnwelt GmbH bestellt bei der Print & Co. KG ein Netzwerk mit Server, Arbeitsplatzcomputern und zentralem Drucker. Die Bestellung wird vom Leiter der Einkaufsabteilung, Herrn Prokurist Wegener, unterzeichnet; es schreibt Frau Waltinger.

Briefmuster Format A4
Form B

Wohnwelt ALPI

Exklusive Möbel für Büro und Heim

Gestalteter Informationsblock

Ihr Zeichen:	st-wo
Ihre Nachricht vom:	24.02.20..
Unser Zeichen:	we-wal
Unsere Nachricht vom:	18.03.20..
Name:	Ralf Wegener
Telefon:	0511 21234-416
Telefax:	0511 1213
E-Mail:	wegener@alpi-wvd.de
Datum:	18.03.20..

.
.
.
.
ALPI Wohnwelt GmbH, Postfach 16 20, 30419 Hannover
Print & Co. KG
Frau Stein
Postfach 13 63
38299 Wolfenbüttel
.
.
.
.

Bestellung
.
.
Sehr geehrte Frau Stein,
.
aufgrund Ihres Angebotes und der fachkundigen Beratung durch Herrn Brückner bestellen wir zur sofortigen Lieferung, spätestens jedoch innerhalb 4 Wochen, frei Haus:
.

1 Server ProServ 2463,	Gesamtpreis 1.089,00 EUR
9 Personal-Computer N 2,	Gesamtpreis 5.292,00 EUR
1 Laser-Drucker L 801,	Gesamtpreis 459,00 EUR
1 Vernetzung 9 Plätze,	Gesamtpreis 450,00 EUR

.
Wie vereinbart, geben wir Ihnen 5 Personal Computer AC 348 L für insgesamt 250,00 EUR sofort nach Lieferung der neuen Systeme in Zahlung. Der Rechnungsausgleich erfolgt innerhalb 14 Tagen ohne Abzug.
.
Einweisung. Unser Personal wird an 3 Tagen kostenlos eingewiesen; für eine evtl. erforderlich werdende Nachschulung werden uns 280,00 EUR pro Tag berechnet.
.
Bitte teilen Sie uns den genauen Liefertermin mit.
.
Mit freundlichen Grüßen
.
ALPI Wohnwelt GmbH
.
ppa. *R. Wegener*
.
Ralf Wegener

Zusätze wie i. A., i. V., ppa. können auch vor der Namenswiedergabe in derselben Zeile stehen.
ALPI Wohnwelt GmbH
.
.
.
ppa. Ralf Wegener

Der Brief mit verschiedenen Hervorhebungen

Die Print & Co. KG hatte den gewünschten Liefertermin am 20..-03-21 bestätigt; er ist jetzt aber bereits eine Woche überschritten. Die ALPI Wohnwelt GmbH setzt daraufhin die Print & Co. KG in Lieferungsverzug und gewährt eine Nachfrist bis zum 20..-04-30. Den Brief diktiert der Sachbearbeiter, Herr Schrader; es schreibt Frau Wasmund.

Briefmuster Format A4
Form A

Wohnwelt ALPI

Exklusive Möbel für Büro und Heim

Gestalteter Informationsblock

ALPI Wohnwelt GmbH, Postfach 16 20, 30419 Hannover
Einschreiben
Print & Co. KG
Frau Stein
Postfach 13 63
38299 Wolfenbüttel

Ihr Zeichen:	st-wo
Ihre Nachricht vom:	21.03.20..
Unser Zeichen:	schr-was
Unsere Nachricht vom:	18.03.20..
Name:	Udo Schrader
Telefon:	0511 21234-415
Telefax:	0511 1213
E-Mail:	schrader@alpi-wvd.de
Datum:	23.04.20..

Überschreitung des Liefertermins

Sehr geehrte Frau Stein,

obwohl wir in unserer Bestellung darauf hingewiesen haben, dass wir die Ausstattung dringend benötigen, ist die Lieferung bereits seit einer Woche überfällig.

In zwei Ferngesprächen unterrichteten wir Sie persönlich darüber, dass in der Zwischenzeit drei ältere PCs ausgefallen sind. Ein Gerät wurde bereits instand gesetzt, bei den beiden anderen lohnt eine Reparatur nicht mehr.

Wir setzen Ihnen eine

Nachfrist bis zum 30. April 20..

Sollten Sie auch diesen Termin nicht einhalten, werden wir die erforderlichen Computer mieten und Ihnen die Kosten berechnen.

Mit freundlichen Grüßen

ALPI Wohnwelt GmbH

i. V. *U. Schrader*

Udo Schrader

Aufgaben zur Formgestaltung / Übungstext

Die Print & Co. KG ist in Lieferschwierigkeiten geraten, weil beim Hamburger Großhändler zurzeit alle Geräte vergriffen sind. Sie wendet sich daher direkt an das Werk in München. Frau Stein diktiert, Frau Wolters schreibt.

ALPI Wohnwelt GmbH	I.Z.	schr-was
Herrn Schrader	I.N.v.	20..-04-23
Hildesheimer Str. 12	U.Z.	st-wo
30169 Hannover	u.N.v.	20..-03-21
	Tel.	234
	Name	Frau Stein
	Datum	20..-04-25

Lieferung der Computersysteme

Sehr geehrter Herr Schrader, ⌐ es ist uns sehr unangenehm, dass eine Lieferungsverzögerung eingetreten ist. Durch die große Nachfrage in den letzten zwei Monaten sind bei unserem Hamburger Großhändler zurzeit alle Geräte vergriffen. [Wir haben inzwischen mit dem Werk in München Verbindung aufgenommen und werden Ihre Systeme direkt beziehen.] Mit unserem Lkw holen wir die Geräte am Mittwoch dort ab. Wenn es Ihnen recht ist, werden wir sie gleich am Nachmittag in Ihren Räumen installieren. Schon am Donnerstag könnte die erste Einweisung erfolgen. ⌐ **Reparaturkosten**. Die entstandenen Reparaturkosten für Ihren Computer werden wir übernehmen. ⌐ Freundliche Grüße ⌐ Print & Co. KG ⌐ Ute Stein

[ ] = Einrückung

Die ALPI Wohnwelt GmbH hat sich telefonisch mit dem Liefervorschlag einverstanden erklärt; die Anlagen sind inzwischen installiert, das Personal ist eingewiesen. Jetzt sind noch einige Fragen aufgetreten. Herr Schrader diktiert, Frau Wasmund schreibt.

Print & Co. KG	I.Z.	st-wo
Frau Stein	I.N.v.	25.04.20..
Postfach 1363	U.Z.	schr-was
38299 Wolfenbüttel	u.N.v.	23.04.20..
	Tel.	415
	Name	Herr Schrader
	Datum	09.05.20..

Nachschulung unseres Personals

Sehr geehrte Frau Stein, wir danken Ihnen, dass Sie auf unser Schreiben unverzüglich reagiert haben. Die Installation der Anlagen ging sehr zügig und problemlos vonstatten. Auch mit der Einweisung waren unsere Mitarbeiter zufrieden. Inzwischen sind jedoch noch einige Fragen aufgetreten, die wir gern in einer Nachschulung klären würden. Kann uns Herr Brückner, der bereits die Einweisung durchgeführt hat, am Freitag, 14. Mai, um 08:00 Uhr besuchen? Wir würden uns freuen, wenn Ihnen dieser Termin zusagt, und bitten um eine telefonische Nachricht. Mit freundlichen Grüßen ALPI Wohnwelt GmbH i. V. Udo Schrader

Der Lieferungsverzug

Anschl. je Block		Gesamtanschl.
65	In der Regel bestellt der Käufer die Ware ohne Angabe eines	65
127	festen Liefertermins. Der Verkäufer ist dann verpflichtet,	127
187	in handelsüblicher Zeit zu liefern. Wenn er das versäumt,	187
246	dann muss ihn der Kunde mündlich oder schriftlich mahnen.	246
62	Beim Lieferungsverzug ergeben sich für den Käufer folgende	308
126	Rechte: Er kann ohne Setzen einer Nachfrist auf Lieferung	372
188	bestehen. Ist durch den Verzug bereits Schaden entstanden,	434
250	darf er vom Lieferer noch zusätzlich Schadenersatz fordern.	496
62	Hat er dem Lieferer eine angemessene Nachfrist gesetzt und	558
121	ist diese abgelaufen, dann kann er die Lieferung ablehnen	617
182	und Schadenersatz wegen Nichterfüllung verlangen. Er darf	678
243	die Lieferung auch ablehnen und vom Vertrag zurücktreten.	739
64	Benötigt der Käufer die Ware zu einem bestimmten Zeitpunkt,	803
127	dann wählt er den Fixkauf. In der Bestellung nennt er einen	866
190	festen Liefertermin, z. B. fix am 5. März, fest am 8. Juni.	929
255	Bei Überschreitung ist der Lieferer ohne Mahnung in Verzug.	994

31 Geschäftsbrief mit Autorenkorrektur

Die Print & Co. KG bietet in einem Werbeschreiben ihre neuen Diktiergeräte an. Der Brief wird vom Leiter der Werbeabteilung, Herrn Schierenberg, diktiert und von Frau Giesecke geschrieben.

Briefmuster Format A4
Form B

PRINT & CO. KG

Fachvertrieb für Bürobedarf und Computerzubehör

Print & Co. KG, Postfach 13 63, 38299 Wolfenbüttel
Landkreis Wolfenbüttel
Frau Krafczyk
Postfach 57 42
38299 Wolfenbüttel

Ihr Zeichen:	
Ihre Nachricht vom:	
Unser Zeichen:	sch-gie
Unsere Nachricht vom:	
Name:	Jan Schierenberg
Telefon:	05331 5166-232
Telefax:	05331 5521
E-Mail:	schierenberg@printco-wvd.de
Datum:	20..-11-18

Jetzt macht Diktieren ~~richtig~~ Spaß [ß]

Sehr geehrt~~e Frau Krafczyk,~~ [er Herr Weber]

viele Sachbearbeiter und Schreibkräfte sind nicht gerade begeistert, wenn sie das Wort "Diktiergerät" hören. Das liegt vor allem an der umständlichen Bedienung und an der schlechten Wiedergabequalität vieler Geräte.

Mit unserer neuen Serie

Diktat 2000 [fett]

macht Diktieren Spaß! Alle Funktionen lassen sich mit nur einem Schiebeschalter am Mikrofon steuern – Sie können sich ~~also~~ voll auf den Inhalt des Schreibens konzentrieren. [ß]

Wir führen grundsätzlich ~~nur~~ Geräte mit einem mobilen Datenspeicher, sodass unsere Bürodiktiergeräte [ß] mit den Handdiktiergeräten kompatibel sind. [auch]

Außerdem sorgt eine USB-Verbindung für eine sehr schnelle Datenübertragung zum PC. Wir bieten Ihnen für jeden Zweck die ~~optimale~~ Lösung. [richtige]

Freundliche Grüße

Print & Co. KG

i. V.

Jan Schierenberg

Anlage
Gesamtprospekt

Aufgaben:
1. Laden Sie den Brieftext *diktat*.
2. Führen Sie die Korrekturen durch, drucken Sie den Brief anschließend aus.

Geschäftsbrief mit Autorenkorrektur

Die Print & Co. KG macht ihre Kunden darauf aufmerksam, dass der PC mit einer Zusatzkarte auch als Diktiergerät genutzt werden kann. Herr Mahnke und Herr Schlüter erstellen das Werbeschreiben am PC und unterschreiben es selbst.

PRINT & CO. KG

Fachvertrieb für Bürobedarf und Computerzubehör

Briefmuster Format A4
Form A

Print & Co. KG, Postfach 13 63, 38299 Wolfenbüttel

Frau
Dr. med. Sabine Köhne
Lessingstr. 24
50825 Köln

Ihr Zeichen:
Ihre Nachricht vom:
Unser Zeichen: ma-schl
Unsere Nachricht vom:

Name: Bernd Mahnke
Telefon: 05331 5166-238
Telefax: 05331 5521
E-Mail: mahnke@printco-wvd.de

Datum: 20..-05-02

Nutzen Sie Ihren PC auch als Diktiergerät

Sehr geehrte Frau Dr. Köhne,

bisher haben Sie mit Ihrem PC vermutlich nur schriftliche Informationen verarbeitet. Mit ~~unserer neuen~~ Karte für die Eingabe und Ausgabe von Sprache ist es jetzt ~~auch~~ möglich, mit dem PC das gesprochene Wort wie mit einem Diktiergerät aufzunehmen und wiederzugeben.

Sie sprechen den Text wie gewohnt in ~~ein~~ Diktiermikrofon; er gelangt als "Tonaufzeichnung" in den Arbeitsspeicher. Zum Abhören verwenden Sie wie bei ~~einem~~ Diktiergerät den Kopfhörer und den Fußschalter.

Wenn Sie das Diktat dauerhaft aufbewahren wollen, speichern Sie ~~es ebenso~~ wie eine Textdatei auf dem USB-Stick oder auf der Festplatte.

Mit unserer Lösung benötigen Sie nur ~~noch einen~~ PC – Sie sparen den Platz und die ~~zusätzlichen~~ Wartungskosten für das Diktiergerät.

Bitte schreiben Sie uns oder rufen Sie uns einfach an; wir werden Sie gern fachkundig beraten.

Mit freundlichen Grüßen

Print & Co. KG

Bernd Mahnke Uwe Schlüter

Randkorrekturen: einer; die; die; das; Ihrem; die Sprachdatei; den

Aufgaben:
1. Erfassen Sie den Brief in der ursprünglichen Form und drucken Sie ihn aus. Speichern Sie ihn anschließend mit dem Namen *pcdik*.
2. Führen Sie die Korrekturen durch und drucken Sie den Brief anschließend aus.
3. Speichern Sie den Brief in der neuen Form durch „Überschreiben“.

Die Aufzählung

Der Beginn und das Ende der Aufzählung sind vom übrigen Text durch je eine Leerzeile zu trennen. Die Aufzählungsglieder können gekennzeichnet werden durch

- Ziffern mit Punkt,
- lateinische Kleinbuchstaben mit Nachklammer,
- Langstrich oder andere Aufzählungszeichen.

Andere Aufzählungszeichen können zum Text passende, optisch prägnante Zeichen oder sonstige von der verwendeten Software angebotene Zeichen sein. Nach den Gliederungszeichen folgt ein Leerzeichen.

Aufgaben: 1. Schreiben Sie den Text gegliedert durch Langstrich (siehe oben).
2. Schreiben Sie den Text gegliedert durch Ziffern mit Punkt (1. ...).
3. Schreiben Sie den Text gegliedert durch lateinische Kleinbuchstaben mit Nachklammer (a) ...).

Ein Text wirkt sowohl durch seinen Inhalt als auch durch die Form. Es ist häufig vorteilhaft,

a) Aufzählungsglieder einzurücken,

b) Aufzählungsglieder durch Leerzeilen zu trennen, wenn mindestens ein Aufzählungsglied mehrzeilig ist.

Mehrstufige Aufzählungen sollten je Aufzählungsstufe eine eigene Fluchtlinie erhalten.

Aufgabe: Schreiben Sie diesen Text mit Aufzählungszeichen aus Ihrem Textverarbeitungsprogramm.

Besondere Zahlengliederungen

Telefon- und Telefaxnummern werden durch je ein Leerzeichen funktionsbezogen gegliedert (Anbieter, Landesvorwahl, Ortsnetzkennzahl, Einzelanschluss): 09560 685496, 0172 5603458.

Vor der Durchwahlnummer steht ein Bindestrich: 040 6702-35.
Vor der Landeskennzahl steht das Zeichen +: +49 821 658743.
Vor Telefaxnummern steht der Zusatz "Fax": Fax 05321 51187.

Falls eine Sondernummer eine Ziffer für die Gebührenzählung enthält, ist davor und danach ein Leerzeichen: 0180 2 5476.

Postleitzahlen sind 5-stellig: 81925 München, 12163 Berlin.
Die Postleitzahl richtet sich nach Ort, Straße, Hausnummer.

Postfachnummern werden 2-stellig gegliedert: 3 63, 2 34 21.
Bei „Eilzustellungen" sind Straße und Hausnummer anzugeben.

Internationale Bankleitzahlen (IBAN) bestehen aus 5 Vierer- und einer Zweiergruppe: IBAN DE89 2604 0039 0621 0120 00.

An den gelieferten Systemen traten Mängel auf. Die ALPI Wohnwelt GmbH beanstandet die Fehler in einer „Mängelrüge" und bittet um sofortige Behebung. Den Brief diktiert die Leiterin des Schreibdienstes, Frau Blumenberg, es schreibt Frau Thiele.

Briefmuster Format A4
Form B

Wohnwelt ALPI

Exklusive Möbel für Büro und Heim

ALPI Wohnwelt GmbH, Postfach 16 20, 30419 Hannover
Print & Co. KG
Kundendienst
Postfach 13 63
38299 Wolfenbüttel

Ihr Zeichen:	
Ihre Nachricht vom:	
Unser Zeichen:	bl-th
Unsere Nachricht vom:	
Name:	Beate Blumenberg
Telefon:	0511 21234-417
Telefax:	0511 1213
E-Mail:	blumenberg@alpi-wvd.de
Datum:	02.06.20..

Beanstandung des Computersystems

Sehr geehrte Damen und Herren,

in den letzten Tagen traten an Ihrem System folgende Mängel auf:

1. Während der Arbeit starteten plötzlich alle Computer neu; die Daten im Arbeitsspeicher waren verloren und mussten noch einmal erfasst werden.

2. Als wir in das CD-ROM-Laufwerk Ihres Computers unterschiedliche CD-ROMs eingelegt haben, wurden auf dem Laufwerk D: im Explorer keine Inhalte angezeigt.

3. Für die Personal Computer haben wir zusätzlich ein Programm „Finanzbuchhaltung" beschafft. Auf dem Bildschirm wird alles richtig dargestellt, doch beim Ausdruck gibt es erhebliche Schwierigkeiten mit der Formatierung und bei den Umlauten.

Wir bitten Sie, diese Mängel umgehend zu beheben.

Mit freundlichem Gruß

ALPI Wohnwelt GmbH

i. A. *B. Blumenberg*

Beate Blumenberg

Der Leiter des Kundendienstes, Herr Zellmer, beantwortet die Mängelrüge; es schreibt Frau Wittig.

Briefmuster Format A4
Form A

PRINT & CO. KG
Fachvertrieb für Bürobedarf und Computerzubehör

.
.
.
.
Print & Co. KG, Postfach 13 63, 38299 Wolfenbüttel
ALPI Wohnwelt GmbH
Frau Blumenberg
Hildesheimer Straße 12
30169 Hannover
.
.

Ihr Zeichen:	bl-th
Ihre Nachricht vom:	20..-06-02
Unser Zeichen:	ze-wi
Unsere Nachricht vom:	
Name:	Dirk Zellmer
Telefon:	05331 5166-236
Telefax:	05331 5521
E-Mail:	zellmer@printco-wvd.de
Datum:	20..-06-04

.
.
Ihre Beanstandung
.
.
Sehr geehrte Frau Blumenberg,
.
die aufgeführten Mängel haben wir sorgfältig geprüft und kommen zu folgendem Ergebnis:
.
- Der Neustart aller Computer wurde vermutlich durch einen kurzen Stromausfall ausgelöst. Für eine störungsfreie Stromversorgung bei Stromausfällen und Stromschwankungen empfehlen wir Ihnen den Spannungskonstanthalter USV 230.
.
- Es liegt ein Fehler im CD-ROM-Laufwerk vor. Wir werden ein neues Laufwerk einbauen.
.
- Wenn der Computer das Programm „Finanzbuchhaltung“ korrekt verarbeitet, aber der Ausdruck fehlerhaft ist, dann müssen wahrscheinlich die Druckertreiber neu installiert werden. Verwenden Sie hierfür bitte die mit dem Drucker gelieferte CD-ROM mit der Aufschrift „L 801 – Treiber“.
.
Mit freundlichem Gruß
.
Print & Co. KG
Kundendienst
.
i. A. *Dirk Zellmer*
.
Dirk Zellmer

Die Print & Co. KG stellt fest, dass die ALPI Wohnwelt GmbH die Rechnung Nr. 968 noch nicht beglichen hat. Sie schickt ihr ein Sonderangebot über Computerzubehör und erinnert bei dieser Gelegenheit an die Bezahlung der Rechnung. Frau Stein diktiert, Frau Wolters schreibt.

ALPI Wohnwelt GmbH	I.Z.	schr
Herrn Schrader	I.N.v.	
Hildesheimer Str. 12	U.Z.	st-wo
30169 Hannover	u.N.v.	
	Tel.	234
	Name	Frau Stein
	Datum	20..-06-09

Sonderangebot über Computer-Zubehör – Rechnungsausgleich

Sehr geehrter Herr Schrader, ↵ durch die gute Zusammenarbeit mit führenden Herstellern von Computer-Zubehör konnten wir einen größeren Posten sehr günstig einkaufen. Diesen Preisvorteil möchten wir direkt an Sie weitergeben.

Wir bieten Ihnen an zur Lieferung frei Haus: ↵

- CD-RW 700 Highspeed in 10er-Packung 11,80 EUR
- Antistatik-Reinigungstücher in 50er-Packung 10,50 EUR
- HK Toner 83274 in 10er-Packung 430,00 EUR

Rechnungsausgleich. Unsere Rechnung Nr. 968 vom 20..-04-29 ist noch nicht beglichen. Bitte überweisen Sie den Betrag über 12.680,00 EUR in den nächsten Tagen. ↵ Freundliche Grüße ↵ Print & Co. KG ↵ Ute Stein

Die ALPI Wohnwelt GmbH hat ihre Beanstandung aufgrund der Hinweise des Kundendienstes der Print & Co. KG überprüft und begleicht die Rechnung. Den Brief diktiert Herr Schrader, es schreibt Frau Wasmund.

Print & Co. KG	I.Z.	st-wo
Frau Stein	I.N.v.	09.06.20..
Postfach 1363	U.Z.	schr-was
38299 Wolfenbüttel	u.N.v.	
	Tel.	419
	Name	Herr Schrader
	Datum	15.06.20..

Rechnungsausgleich

Sehr geehrte Frau Stein, nach Eingang des Schreibens vom Leiter Ihres Kundendienstes, Herrn Zellmer, haben wir unsere Beanstandung überprüft; es funktioniert jetzt alles einwandfrei. Ihre Rechnung Nr. 968 vom 20..-04-29 über 12.680,00 EUR begleichen wir wie folgt:

(Einrückung)

Rechnungsbetrag	12.680,00 EUR
Reparaturkosten PC	172,50 EUR
Inzahlungnahme PC	250,00 EUR
	12.257,50 EUR

Wir haben heute 8.000,00 EUR auf Ihr Postbankkonto Hannover überwiesen; ein Verrechnungsscheck über 4.257,50 EUR auf die Stadtsparkasse Wolfenbüttel liegt diesem Schreiben bei. Mit freundlichen Grüßen ALPI Wohnwelt GmbH i. V. Udo Schrader **Anlagen** Verrechnungsscheck Reparaturrechnung Gutschrift

Anschl. je Block

Schulen Sie Ihre Mitarbeiter?

Gesamtanschl.

61 Für den geschäftlichen Erfolg eines Unternehmens sind gut 61
122 ausgebildete Mitarbeiter eine sehr wichtige Voraussetzung. 122
183 Nur so ist es auf Dauer möglich, bessere Produkte als die 183
242 Konkurrenz zu entwickeln und Dienstleistungen anzubieten. 243

60 In der Textverarbeitung ersetzt man die Schreibmaschinen 303
120 zunehmend durch Textsysteme, um auch die Schreibarbeit zu 363
179 rationalisieren. Bei der Beschaffung denken leider viele 422
239 Führungskräfte nicht daran, die Mitarbeiter einzubeziehen. 483

61 Die Hersteller möchten zunächst ihr Produkt verkaufen und 544
121 werben mit einer kinderleichten Bedienung. Der Kaufpreis 604
182 enthält neben der Installation in der Regel nur eine kurze 665
240 Einweisung, außerdem erhält man umfangreiche Handbücher. 724

59 Wer dann meint, alles Weitere ginge von allein, der wäre 783
120 besser bei der Schreibmaschine geblieben. Aus Umfragen in 844
181 vielen Unternehmen geht hervor, dass die Anwender nur etwa 905
242 zehn Prozent der Möglichkeiten nutzen – ist das rationell? 966

33 Der Standardbrief

Wenn ein Geschäftsbrief mit Ausnahme besonderer Daten für andere Empfänger unverändert übernommen werden kann, erfasst man ihn als „Standardbrief" und speichert ihn in einer eigenen Textdatei. Der Standardbrief besteht aus dem konstanten Brieftext mit Feldern für individuelle Einfügungen.

Das Erstellen eines Geschäftsbriefes mithilfe des Standard-Textes ist sehr einfach: Man liest die Datei ein, erfasst die Einfügungen und druckt das fertige Schreiben aus. Bei Bedarf speichert man das Schriftstück mit einem anderen Namen als neue Datei.

Organisatorisch ist es sinnvoll, die Standardbriefe auf einem externen Speichermedium bzw. in einem eigenen Ordner (auf der Festplatte) zu speichern.

Die Print & Co. KG zeigt ihren Kunden Möglichkeiten auf, die Leistungsfähigkeit des PCs zu steigern. Frau Schnellinger diktiert, Frau Wesemann schreibt.

Feld einfügen:
Einfügen Schnellbausteine Feld „Fill-in"
Feld ansteuern: F11

So steigern Sie die Leistung Ihres PCs

Sehr geehrte ,

die neue Software enthält eine sehr anspruchsvolle grafische Oberfläche. Um die Möglichkeiten der Programme voll ausschöpfen zu können, sind eine hohe Rechengeschwindigkeit und viel Speicherplatz erforderlich.

Zur Erhöhung der Rechengeschwindigkeit haben wir jetzt eine Zusatzkarte entwickelt, mit der Ihr PC mindestens doppelt so schnell arbeitet wie bisher. Wenn Ihnen diese Leistung nicht ausreicht, empfehlen wir das sehr leistungsfähige Tuning-Kit bestehend aus Mainboard, Prozessor, Arbeitsspeicher, Kühler für die CPU, Kabelsatz und Treiber.

Unsere Produkte erhalten Sie direkt von uns oder durch den Fachhandel. Sie haben dadurch die Gewähr, dass Sie immer fachgerecht beraten und betreut werden. Wir gewähren Ihnen auf alle Teile ein Jahr Garantie.

Bitte schreiben Sie uns oder rufen Sie uns einfach an. Wir sind sicher, für Ihre Anwendungen eine preiswerte Lösung zu finden.

Mit freundlichen Grüßen

Print & Co. KG

i. A. *N. Schnellinger*

Nicole Schnellinger

Aufgaben: Erfassen Sie den Brieftext (s. oben) als Standardbrief und speichern Sie ihn mit dem Namen *leistung*. Schreiben Sie den Brief an folgende Empfänger:

1. Herrn	*I.Z./I.N.v.*		3. Herrn Rechtsanwalt	*I.Z./I.N.v.*	
Jens Wellhausen	*U.Z./u.N.v.*	schn-we	Werner Brandes	*U.Z./u.N.v.*	schn-we
Rheinuferstr. 6	*Tel.*	425	Goethestr. 24	*Tel.*	425
65385 Rüdesheim	*Name*	Schnellinger	01109 Dresden	*Name*	Schnellinger
	Datum	20..-09-28		*Datum*	20..-10-02
2. Frau	*I.Z./I.N.v.*		4. Herrn Architekt	*I./././I.N.v.*	
Dr. Birgit Stafforst	*U.Z./u.N.v.*	schn-we	Dipl.-Ing. Bernd Meisner	*U.Z./u.N.v.*	schn-we
Kurfürstendamm 132	*Tel.*	425	Alsterkrugchaussee 106		*Tel.* 425
10711 Berlin	*Name*	Schnellinger	22297 Hamburg	*Name*	Schnellinger
	Datum	20..-09-30		*Datum*	20..-10-05

Der Standardbrief in Serie

Der Standardbrief bezieht sich auf einen bestimmten Sachverhalt. Werden für diesen Sachverhalt auch Folgebriefe oder Antwortbriefe standardisiert, dann spricht man von einem Standardbrief in Serie. Ein Beispiel dafür sind der Standardbrief auf der vorhergehenden Seite und die dazugehörigen Folgebriefe auf dieser Seite.

Auf unser Werbeschreiben (S. 68) sind Anfragen von Kunden eingegangen. Zwei Kunden erhalten als Antwort diesen Brief. Frau Schnellinger diktiert, Frau Wesemann schreibt.

Betreff **Umrüstung Ihres PCs** *Anrede* **Sehr geehrte ,**

wir danken Ihnen für Ihr Interesse an unseren Erzeugnissen. Sie schreiben uns, dass Sie von Ihren bisherigen Programmen auf ein anspruchsvolles Office-Paket umsteigen wollen.

Das Office-Paket benötigt einen Hauptspeicher mit mindestens 256 MB. Mit dieser Minimalausstattung arbeitet das Programm aber sehr langsam, weil es oft auf die Festplatte zugreifen muss. Wir empfehlen Ihnen daher unsere 2,8-GHz-Hauptplatine mit 2 GB-RAM - besser mit 4 GB-RAM. Auch Dokumente mit hohem Grafikanteil können dann schnell und komfortabel bearbeitet werden.

Sollten Sie sich für unsere schnelle Grafikkarte und den nichtreflektierenden Flachbildschirm entscheiden, werden Sie bei "optimaler Sicht" ermüdungsfrei arbeiten können.

Wenn Sie von dem Komplettangebot Gebrauch machen, führen wir die Umbauarbeiten kostenlos durch.

Briefabschluss **Mit freundlichen Grüßen Print & Co. KG**
i. A. Nicole Schnellinger

Aufgabe 1: a) Erfassen Sie den Brieftext (s. oben) als Standardbrief, speichern Sie ihn unter *Umruest1*.
b) Schreiben Sie den Brief an die Empfänger 1 und 3 (S. 68)

Auf unser Werbeschreiben (S. 66) sind Anfragen von Kunden eingegangen. Zwei Kunden erhalten als Antwort diesen Brief. Frau Schnellinger diktiert, Frau Wesemann schreibt.

Betreff **Umrüstung Ihres PCs** *Anrede* **Sehr geehrte ,**

Ihrem Schreiben entnehmen wir, dass Sie künftig mit mehreren Programmen gleichzeitig arbeiten möchten und dass Sie sich die Möglichkeit offenhalten wollen, auf ein anderes Betriebssystem umzusteigen.

Eine Aufrüstung Ihres PCs können wir bei diesen Anwendungen nicht empfehlen. Es müssten so viele Bauteile ausgetauscht werden, dass ein neuer PC preisgünstiger ist.

Wir raten Ihnen zu der Beschaffung eines leistungsfähigen PCs mit mindestens 4 x 3,4 GHz Taktfrequenz. Sie haben dann die Gewähr, auch in den nächsten Jahren alle Möglichkeiten der modernen Software nutzen zu können.

Zu einem besonders günstigen Preis liefern wir zurzeit den COMPU S9 getaktet mit 4 x 3,4 GHz, mit 8 GB Arbeitsspeicher und 2 TB Festplatte. Da die Nachfrage nach diesem Modell sehr groß ist, müssen Sie allerdings mit einer Lieferzeit von 4 Wochen rechnen.

Wir vermitteln Ihnen gern einen Vorführtermin bei uns oder bei einem autorisierten Fachhändler.

Briefabschluss **Mit freundlichen Grüßen Print & Co. KG**
i. A. Nicole Schnellinger

Aufgabe 1: a) Erfassen Sie den Brieftext (s. oben) als Standardbrief, speichern Sie ihn unter *Umruest2*.
b) Schreiben Sie den Brief an die Empfänger 2 und 4 (S. 68).

Der Brief mit Folgeseiten

Die Print & Co. KG weist die ALPI Wohnwelt GmbH auf Möglichkeiten der Datensicherung hin. Frau Stein diktiert, Frau Wolters schreibt.

Briefmuster Format A4
Form A

PRINT & CO. KG

Fachvertrieb für Bürobedarf und Computerzubehör

Print & Co. KG, Postfach 13 63, 38299 Wolfenbüttel
ALPI Wohnwelt GmbH
Herrn Sommer
Hildesheimer Straße 12
30169 Hannover

Ihr Zeichen:	
Ihre Nachricht vom:	
Unser Zeichen:	st-wo
Unsere Nachricht vom:	
Name:	Ute Stein
Telefon:	05331 5166-234
Telefax:	05331 5521
E-Mail:	stein@printco-wvd.de
Datum:	20..-08-25

Sichern Sie Ihre Daten regelmäßig?

Sehr geehrter Herr Sommer,

Ihre Personal Computer haben Ihnen die tägliche Arbeit sicher schon erheblich erleichtert und Ihnen viel Zeit und Kosten erspart. Bisher sind niemals Probleme aufgetreten und man schließt einen Datenverlust nahezu aus.

Dennoch kann es vorkommen, dass durch einen technischen Defekt oder durch Computerviren plötzlich wichtige Daten verloren gehen. Heute möchten wir Sie deshalb darüber informieren, wie Sie Ihre Daten mit geringem Aufwand regelmäßig sichern können.

- Die preisgünstigste Möglichkeit ist die Datensicherung mit einem Streamer. Die auf der Festplatte gespeicherten Daten werden auf ein Magnetband kopiert und können von dort wieder auf die Festplatte zurückübertragen werden. Wenn Sie unsere formatierten Bänder verwenden, können Sie große Datenmengen zeitsparend und kostengünstig sichern.

- Eine weitere Möglichkeit ist der Einbau eines Laufwerkes für Wechselplatten. Nach dem Übertragen der zu sichernden Daten kann man die Wechselplatte aus dem Laufwerk entnehmen und sie an einem sicheren Ort aufbewahren. Da die Wechselplatte nur etwas langsamer arbeitet als eine Festplatte, kann sie auch für die tägliche Arbeit genutzt werden.

...

(Hinweis auf Folgeseite)

↑ zentriert in der Kopfzeile

– Die zukunftsweisende Art der Datensicherung ist der Einsatz von DVD-RW-Laufwerken. Eine DVD (Digital Versatile Disc) hat eine Speicherkapazität von mehr als 4 GB. Die Daten werden mit einem Laserstrahl auf die DVD-RW geschrieben und gelesen. Das Speichern der Daten dauert etwas länger als das Speichern auf der Festplatte, das Einlesen ist ebenso schnell.

Um mit Ihnen die günstigste Lösung zur Sicherung Ihrer Daten zu finden, würde Sie unser Außendienstmitarbeiter gern besuchen. Falls Sie an dem Angebot interessiert sind, rufen Sie uns bitte an oder schreiben Sie uns.

Freundliche Grüße

Print & Co. KG

Ute Stein

Ute Stein

Hinweis: Wenn der Text eines Schriftstücks eine nächste Seite beansprucht, wird er von der 2. Seite an oben fortlaufend in der Kopfzeile nummeriert. Am Fuß der beschrifteten Seite wird am rechten Rand durch drei Punkte auf eine Folgeseite hingewiesen. Der Abstand zwischen Textende und den drei Punkten beträgt mindestens eine Leerzeile.

Bei Textverarbeitungssystemen dürfen die Seiten mit „Seite ... von ...", beginnend bei Seite 1, gekennzeichnet werden; bei dieser Form entfällt der Hinweis auf Folgeseiten.

Aufgabe zur Formgestaltung

Die Print & Co. KG bietet in einem Werbeschreiben ihre Fernkopierer an. Der Brief wird vom Leiter der Werbeabteilung, Herrn Schierenberg, diktiert und von Frau Giesecke geschrieben.

Herrn
Dipl.-Ing. Max Feldmann
Hoch- und Tiefbau
Alte Mainzer Gasse 79
60311 Frankfurt

I.Z.
I.N.v.
U.Z. sch-gie
u.N.v.
Tel. 236
Name Schierenberg
Datum 20..-10-12

Wussten Sie schon, dass man über die Fernsprechleitung Texte und Zeichnungen übermitteln kann?

Sehr geehrter Herr Feldmann, ↵ die schnellste Versendungsform im „gelben" Briefpostdienst ist der Post Express-Brief mit Frühzustellung am nächsten Tag vor 09:00 Uhr. Diese Versendungsform ist so teuer, dass man sie nur in Ausnahmefällen wählen kann. Ein gewöhnlicher Brief erreicht den Empfänger in der Regel im Laufe des nächsten Werktages. ↵ Mit unseren Fernkopiergeräten der Gruppe 2 übermitteln Sie handschriftliche, maschinenschriftliche oder bildhafte Darstellungen über das öffentliche Fernsprechnetz der Deutschen Telekom in 3 Minuten, mit Geräten der Gruppe 3 in etwa 30 Sekunden! ↵ Der Telefaxdienst bietet Ihnen eine weltweite Kommunikation zu den Gebühren eines Ferngesprächs mit gleicher Dauer. ↵ Wir führen Fernkopierer mit Farbstrahldruckwerk und Fernkopierer mit Lasertechnologie. Besonders empfehlen wir Ihnen unsere Office-Geräte, die Sie auch für Ihren Computer als Drucker oder Scanner verwenden können. ↵ **E-Mail.** Wer über einen Internet-Zugang verfügt, hat in der Regel einen elektronischen Briefkasten mit einer E-Mail-Adresse, die sich nach den Vorgaben des jeweiligen Anbieters gestaltet. ↵ ... ↵ – 2 – ↵ Zum Versenden einer E-Mail trägt man in eine vorhandene Maske die E-Mail-Adresse des Empfängers ein, dann folgt der Betreff. Bei E-Mails als Ersatz für Geschäftsbriefe ist die Anrede ein fester Bestandteil. ↵ Der Text ist als Fließtext zu erfassen und in Absätze zu gliedern, der Briefabschluss enthält den Gruß sowie Kommunikations- und Firmenangaben. Zwingend sollte er auch die E-Mail- und/oder Internet-Adresse enthalten. ↵ Für die Sicherheit gegen unberechtigtes Lesen oder Veränderungen des Inhalts sollten wichtige Mitteilungen durch digitale Signatur und/oder verschlüsseltes Übertragen geschützt werden. Wir beraten Sie gern. ↵ Freundliche Grüße ↵ Print & Co. KG ↵ i. V. Christian Schierenberg ↵ Anlage Prospekt

Der Serienbrief (I)

Mit der Funktion „Serienbrief" führt Word den Inhalt aus zwei verschiedenen Dateiarten automatisch zusammen:

Steuerdatei

Name	Vorname	Straße	PLZ	usw.
Borchers	Andrea	Rosengasse 12	96450	...
...	...	...	...	...
...	...	...	...	...

1. Zeile: Steuersatz
Ab 2. Zeile: Datensätze

Serienbrief

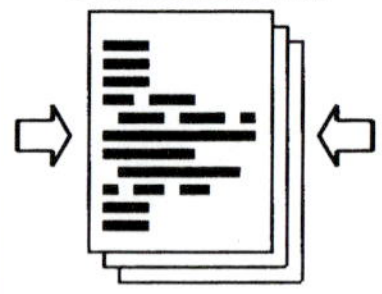

Serientextdatei

```
«Anrede1»
«Vorname» «Name»
«Straße»
«PLZ» «Wohnort»

xxxxx xxxx xxxxx «Nummer»
xxx xxxxxx ...
```

Erfassen der Steuerdatei (Datenquelle)

Schritt	Was müssen Sie tun?	Erläuterung
1	[Alt] [g] [s] [b] Briefe Anklicken Empfänger auswählen Anklicken Neue Liste eingeben	Sendungen, Seriendruck starten Seriendruckassistent, ◉ Briefe ist aktiviert Im Fenster erscheint: Neue Adressliste
2	Vorgegebene Feldnamen in der Adressliste löschen: [Alt] [a] (= Anpassen) [Alt] [l] (= Löschen) [j] (= Ja)	Jeder Feldname muss einzeln gelöscht werden!
3	Eigene Feldnamen in der Adressliste erfassen: [Alt] [h] Name [↵] [Alt] [h] Vorname [↵] [Alt] [h] Straße [↵] [Alt] [h] PLZ [↵] [Alt] [h] Wohnort [↵] [Alt] [h] Anrede1 [↵] [Alt] [h] Anrede2 [↵] [Alt] [h] Nummer [↵] [Alt] [h] Datum [↵] Mit linker Maustaste anklicken: [OK]	[Alt] [h] (= Hinzufügen) Anschl. den Feldnamen eingeben und mit [↵] bestätigen
4	Empfängerinformationen eingeben:	
5	Wenn alle Datensätze erfasst sind: [OK] mit linker Maustaste anklicken	
6	Adressliste speichern: Dateiname eingeben: Kunden [↵] [OK] anklicken	Adressliste wird gespeichert

Schritt 4 – Empfängerinformationen eingeben:

	Datensatz 1	Datensatz 2	Datensatz 3
Name:	Borchers	Michaelis	Lechner
Vorname:	Andrea	Andreas	Stephan
Straße:	Rosengasse 12	Mühlendamm 26	Am Moosfeld 35
PLZ:	96450	24937	81829
Wohnort:	Coburg	Flensburg	München
Anrede1:	Frau	Herrn	Herrn
Anrede2:	e Frau Borchers	er Herr Michaelis	er Herr Lechner
Nummer:	803-237286-3	203-234152-4	803-496348-3
Datum:	20. .-09-30	20. .-12-13	20. .-09-30
	Nächstes Feld: [Tab]	Vorheriges Feld: [Shift] [Tab]	Neuer Datensatz: [Alt] [n]

Hinweis: Zum Erstellen der Serientextdatei bitte anklicken: Zurück: Dokument wird gestartet

Der Serienbrief (II)

Erfassen der Serientextdatei (Hauptdokument)

Schritt	Was müssen Sie tun?
1	Schriftart wählen: Strg Shift a — Courier New (Schriftart) — Alt g 12 (Schriftgröße) ⟵
2	Text des Serienbriefes erfassen – an jeder Einfügeposition das entsprechende Datenfeld aus der Steuerdatei einfügen: Mit linker Maustaste anklicken: Seriendruckfeld einfügen Feldname (z. B. Anrede1) anklicken **«Anrede1»** — Einfügen anklicken **«Vorname» «Name»** **«Straße»** — Schließen anklicken **«PLZ» «Wohnort»** **Zuteilung Ihres Bausparvertrages Nr. «Nummer»** **Sehr geehrt «Anrede2»,** **die Zuteilung Ihres Bausparvertrages erfolgt zum «Datum». Von diesem Tage an wird die Bausparsumme - Darlehnsanspruch und Guthaben - zur Auszahlung bereitgehalten.** **Sollten Sie die Finanzierungsmittel vor dem Zuteilungstermin benötigen, können wir Ihnen mit einem Zwischenkredit helfen.** **Wenn Sie auch das Darlehn wünschen, sprechen Sie bitte mit Ihrem BSK-Bezirksleiter, er wird alles unbürokratisch für Sie erledigen.** **Mit freundlichem Gruß**

Serienbrief drucken

Schritt	Was müssen Sie tun?
1	Mit linker Maustaste anklicken: Fertig stellen und zusammenführen Dokumente drucken OK

Serientextdatei (Dokument) speichern

Schritt	Was müssen Sie tun?	Erläuterung
1	Alt d Y2	Datei, Speichern unter ...
2	Dateiname eingeben: Serie-K ⟵	Dokument wird gespeichert

Aufgaben:

1. Erfassen und speichern Sie die Steuerdatei (s. Seite 72) und die Serientextdatei (s. oben). Drucken Sie anschließend den Serienbrief aus.
2. Alle Empfänger des Zuteilungsschreibens haben ein Bauspardarlehen beantragt; schreiben Sie folgenden Brief:

   Betreff: Auszahlung des Bauspardarlehens
   Anrede: Siehe oben
   Brieftext: Für die Auszahlung des Bauspardarlehens benötigen wir den Grundschuldbrief mit einer Abschrift des Grundbuchblattes. Bitte senden Sie uns die Unterlagen umgehend zu.
   Gruß: Mit freundlichem Gruß

Musterbrief Bewerbung (verkleinert)

> Die Absenderangabe kann im Feld für den Briefkopf auf die gesamte Blattbreite verteilt werden. Die Möglichkeiten der Zeichenformatierung können genutzt werden.

Tanja Ehrenberg
Wichernstr. 23
38667 Bad Harzburg
Tel. 05322 6741

> Kommunikationsangaben (z. B. Mobil, Telefax, E-Mail) dürfen in der Absenderangabe ergänzt werden oder stehen in einem Informationsblock (Beginn 10,0 cm vom linken Rand).
>
> Ihre Zeichen:
> Ihre Nachricht vom:
>
> Telefon: 05322 6741
> Mobil: 0170 2345689
> Telefax: 05322 6742
>
> Datum: 03.02.20..

Herrn Rechtsanwalt und Notar
Dr. Werner Petersen
Frankenberger Plan 49 a
38640 Goslar

> Die einzeilige Rücksendeangabe kann in der Zusatz- und Vermerkzone über der Anschrift des Empfängers stehen, Schriftgröße 8 Punkt.

3. Februar 20..

Bewerbung um eine Ausbildungsstelle zur Rechtsanwalts- und Notariatsgehilfin

Sehr geehrter Herr Dr. Petersen,

vom Arbeitsamt Goslar habe ich erfahren, dass Sie zum 1. August einen Ausbildungsplatz anbieten.

Sicher wünschen Sie sich eine Auszubildende, die bereits einige Fertigkeiten in Textverarbeitung am Computer nachweisen kann, über gute Deutschkenntnisse, gute Umgangsformen und Teamgeist verfügt.

Weil ich gern in einem Anwaltsbüro arbeiten möchte, habe ich mich auf diesen Beruf schon zielstrebig vorbereitet.

Die kaufmännischen Grundkenntnisse erlerne ich zurzeit an der Einjährigen Berufsfachschule – Wirtschaft – für Realschulabsolventen in Goslar, die ich Ende Juni mit guten Noten verlassen werde. Zusätzlich belege ich seit sechs Monaten bei der Kreisvolkshochschule Goslar den Kurs „Computer und Internet“.

Meine Fertigkeit im 10-Finger-Tastschreiben habe ich mit einem Computer-Lernprogramm auf 150 Anschläge pro Minute gesteigert.

Über ein Gespräch mit Ihnen würde ich mich sehr freuen.

Mit freundlichen Grüßen

Tanja Ehrenberg

Anlagen
Lebenslauf
2 Zeugniskopien

Tabellarischer Lebenslauf (verkleinert)

Zeile 13 **Lebenslauf**

Persönliche Daten	
Name:	**Tanja Ehrenberg**
Geburtsdatum, -ort:	**19..-02-27 in Bad Harzburg**
Anschrift:	**Wichernstraße 23** **38667 Bad Harzburg**
Hobbys:	**Schach, Schwimmen, Lesen**
Schulbesuche:	**20..-08-01 bis heute** **Einjährige Berufsfachschule - Wirtschaft - für Realschulabsolventen in Goslar**
	20..-08-30 bis 20..-06-16 **Realschule Vienenburg**
	19..-08-15 bis 20..-07-12 **Orientierungsstufe Vienenburg**
	19..-08-02 bis 19..-06-25 **Grundschule Vienenburg**
Fortbildung:	**Kurs „Computer und Internet“** **Kreisvolkshochschule Goslar**

Bad Harzburg, 20..-02-03

Tanja Ehrenberg

Für die Anordnung des tabellarischen Lebenslaufes gibt es keine festen Regeln. Es wird empfohlen, mit der Überschrift „Lebenslauf“ in der 13. Zeile zu beginnen.

Neben den wichtigsten persönlichen und schulischen Daten können auch Angaben über besondere Kenntnisse (z. B. Sprachen, Kurzschrift, Maschinenschreiben), Lieblingsfächer oder geleistete Praktika gemacht werden. Weiter kann es nützlich sein, auf Mitgliedschaften in Vereinen (z. B. Stenografenverein) oder den bestandenen Führerschein unter „Sonstiges“ hinzuweisen.

Nach dem Eintritt in das Berufsleben werden Angaben zur „Berufsausbildung“, „Berufstätigkeit“ sowie über abgelegte „Prüfungen“ in den Lebenslauf aufgenommen.

Richtig bewerben – aber wie?

Anschl. je Block		Gesamtanschl.
62	Es ist nicht ungewöhnlich, wenn auf ein Stellenangebot über	61
123	100 Bewerbungen eingehen. Da nicht alle Bewerber zu einem	123
184	Gespräch eingeladen werden können, wird man zunächst anhand	184
244	der Unterlagen prüfen, wer in die engere Wahl kommen soll.	245
64	Wie dabei vorgegangen wird, ist kein Geheimnis: Unterlagen,	309
124	die durch eine schlechte äußere Form oder durch zahlreiche	369
183	Rechtschreibfehler negativ auffallen, werden aussortiert.	428
243	Nur mit einwandfreien Unterlagen befasst man sich genauer.	489
62	Im Bewerbungsschreiben selbst zählen oft Kleinigkeiten, da	551
122	ein Berufsanfänger weder große berufliche Qualifikationen	611
184	noch Arbeitszeugnisse nachweisen kann. Entscheidend ist, ob	673
242	der Empfänger auf den Bewerber neugierig wird oder nicht.	732
62	Das beginnt bereits mit dem Einstieg. Der Einleitungssatz	794
122	"Hiermit bewerbe ich mich ..." ist überflüssig, weil die	854
186	Bewerbung schon in der Betreffzeile erwähnt wird. Sagen Sie	918
247	lieber, aus welchem Grund Sie sich bei der Firma bewerben.	980
63	Schreiben Sie, aufgrund welcher Neigungen und Fertigkeiten	1043
125	Sie sich für die Stelle geeignet halten. Das können z. B.	1105
188	Fertigkeiten in Kurzschrift und im Maschinenschreiben sein.	1168
249	Versuchen Sie immer, ein besonderes Interesse zu erwecken.	1229

37 Textbausteinverarbeitung – Erfassen von Textbausteinen, Texthandbuch

Textbausteine, Texthandbuch

In gleichartigen Schriftstücken stimmen Aussagen zum Sachverhalt und Textformulierungen oft überein. Aus den häufig wiederkehrenden Abschnitten kann man Textbausteine „formen", die sich zu Briefen zusammensetzen lassen. Jeder Textbaustein erhält eine Selektionsnummer (Auswahlnummer) und ein Stichwort, das den Inhalt treffend bezeichnet. Die Zusammenstellung aller Textbausteine – gegliedert nach Volltext, Selektionsnummer und Stichwort – nennt man Texthandbuch.

Textbausteinspeicher

Die Textbausteine werden in einem separaten Speicher, dem Textbausteinspeicher, abgelegt. Bei der manuellen Texterfassung oder bei der Textbearbeitung kann jeder Textbaustein an jeder beliebigen Stelle in das Schriftstück eingelesen werden.

Erfassen der Textbausteine

Erfassen eines Textbausteines wird der Volltext eingegeben; für nachträgliche Einfügungen setzt man an der entsprechenden Stelle einen Platzhalter. Beim Speichern des Textbausteines gibt man als Bausteinname die Selektionsnummer ein.

Textbaustein erfassen (ohne Variable)

Schritt	Was müssen Sie tun?	Erläuterung
1	Bausteintext erfassen	Wie einen „normalen" Text
2	Bausteintext markieren: Strg 5 (num. Tastatur)	Baustein ist markiert
3	Alt i ä	= Einfügen, Schnellbausteine
4	w	= Auswahl im Schnellbaustein-Katalog speichern
5	Name eingeben: z. B. 02	Mit diesem Namen wird der Text als Auto-Text gespeichert
6	⟵	Textbaustein wird in einem separaten Speicher abgelegt

Textbaustein erfassen (mit Variable)

Schritt	Was müssen Sie tun?	Erläuterung
1	Bausteintext erfassen	Wie einen „normalen" Text
2	An den variablen Textstellen ein Feld „Fill-in" einfügen: Einfügen Schnellbausteine Feld „Fill-in"	= Haltepunkt für eine nachträgliche Einfügung (Variable) Feldbezeichnung kann ein Hinweis für das Ausfüllen sein, z. B. Name, Ort, Anzahl
3	Bausteintext bis zum Ende erfassen	
4	Textbaustein speichern: Strg 5 (num. Tastatur) Alt i ä w Name eingeben: (z. B. 03) ⟵	= Baustein ist markiert = Einfügen, Schnellbausteine = Auswahl im Schnellbaustein-Katalog speichern Textbaustein wird in einem separaten Speicher abgelegt

Aufgabe: Erfassen Sie die Textbausteine auf Seite 77; der Bausteinname ist die Selektionsnummer.

Textprogramm: Antwort auf Bewerbung

Volltext	Sel.-Nr.	Stichwort
Ihre Bewerbung • • Sehr geehrte+[1],	01	Betreff
vielen Dank für Ihre Bewerbung.	02	Dank
Wir sind dabei, alle Unterlagen zu prüfen und bitten Sie um ein wenig Geduld. Sie werden aber bis zum + wieder von uns hören.	03	Zwischenbescheid
Wir haben Ihre Unterlagen geprüft und festgestellt, dass noch + fehlt. Bitte reichen Sie + umgehend nach.	04	Unterlagen unvollständig
Wir haben Ihre Unterlagen geprüft und würden Sie gern persönlich kennen lernen. Besuchen Sie uns bitte zu einem Vorstellungsgespräch am + um + Uhr. Sollte Ihnen dieser Termin nicht zusagen, bitten wir um sofortige Nachricht.	05	Einladung Vorstellungsgespräch
Leider müssen wir Ihnen mitteilen, dass wir erst im nächsten Jahr wieder Auszubildende einstellen können. Wir bitten Sie, sich dann erneut zu bewerben.	06	Absage Keine Einstellungen
Leider müssen wir Ihnen mitteilen, dass wir für den von Ihnen angestrebten Ausbildungsplatz als Eingangsvoraussetzung mindestens den Sekundarabschluss I verlangen. Wir bitten Sie, sich nach Erreichen dieses Abschlusses erneut zu bewerben.	07	Absage Fehlender Schulabschluss
Leider müssen wir Ihnen mitteilen, dass die Stelle inzwischen besetzt ist. Bitte seien Sie darüber nicht zu sehr enttäuscht.	08	Absage allgemein
Vielleicht ist es ein kleiner Trost, wenn wir Ihnen sagen, dass wir + Bewerbungen erhalten haben.	09	Trost Hinweis auf Anzahl der Bewerbungen
Für Ihren weiteren Berufsweg wünschen wir Ihnen alles Gute.	10	Wunsch "alles Gute"
Mit freundlichem Gruß • Print & Co. KG • i. V.	11	Gruß

[1] + = Zeichen für variable Einfügungen

Schreibauftrag

Im Schreibauftrag teilt der Sachbearbeiter der Schreibkraft mit, aus welchen Textbausteinen der Brief zusammengesetzt werden soll und welche Angaben manuell einzufügen sind.

Schreibauftrag

Anschrift/Vorgang — Disk. Nr. *bew 1*

Susanne Braun

Alter Weg 10, 38124 Braunschweig

Bemerkungen:

1

Durchschläge: *2* Verteiler: *1*

Baustein	Variable
01	*Frau Braun*
02	
04	
11	*das Abschlusszeugnis, es*

Einfügung nach Baustein Nr.: *1*

Zur Unterschrift an: *ka*

Textbaustein in einen Text einlesen

Für die Übernahme der Textbausteine in ein Schriftstück wird der Textbausteinspeicher aufgerufen. Anschließend wählt man durch Eingabe der Namen (Selektionsnummern) die gewünschten Textbausteine aus; sie werden automatisch in das Schreiben eingelesen. An den mit Platzhaltern gekennzeichneten Stellen werden die individuellen Einfügungen (= Variablen) manuell eingegeben.

Schritt	Was müssen Sie tun?	Erläuterung
1	[Alt] [i]	= Einfügen
2	[ä]	= Schnellbausteine
3	Bausteinname mit Pfeiltaste ansteuern [↵] [OK]	Textbaustein wird eingelesen

Schnelleres Verfahren: Im Dokument Name des Textbausteins eingeben, anschließend Taste [F3] betätigen

Einfügungen (Variablen) erfassen

Schritt	Was müssen Sie tun?	Erläuterung
1	Cursor an Textanfang Feld ansteuern: [F11]	Feld zurück: [Shift] [F11]
2	Einzufügenden Text erfassen	Randausgleich erfolgt automatisch

Aufgaben:
1. Schreiben Sie nach den Angaben im Schreibauftrag die Antwort auf eine Bewerbung.
2. Die Prüfung aller Bewerbungen wird noch ca. vier Wochen dauern – erteilen Sie einen Zwischenbescheid.
3. Laden Sie einen Bewerber zu einem Vorstellungsgespräch ein.
4. Erteilen Sie einem Bewerber eine Absage.

Verwalten der Textbausteine

Inhaltsverzeichnis des Textbausteinspeichers einsehen

Schritt	Was müssen Sie tun?	Erläuterung
1	Alt i	= Einfügen
2	ä	= Schnellbausteine
3	Pfeiltaste ↓ betätigen	Cursor im Inhaltsverzeichnis des Textbausteinspeichers
4	ESC	Zurück in den Text (Dokument)

Textbaustein bearbeiten (ändern)

Schritt	Was müssen Sie tun?	Erläuterung
1	Den zu ändernden Textbaustein in den Text einlesen: Name eingeben: z. B. 02 Taste F3 betätigen OK	Textbaustein wird in den Text eingefügt
2	Änderungen durchführen – anschl. den geänderten Textbaustein markieren	
3	Alt i ä w Den „alten" Namen eingeben: z. B. 02 ← j (= Ja)	= Einfügen, Schnellbausteine, Auswahl im Schnellbaustein-Katalog speichern = Hinzufügen Der Eintrag wird neu definiert

Textbaustein löschen

Schritt	Was müssen Sie tun?	Erläuterung
1	Alt i ä	= Einfügen, Schnellbausteine
2	b	= Organizer für Bausteine
3	Bausteinname anklicken	
4	Alt l j	= Baustein wird gelöscht
5	ESC	Zurück in den Text (Dokument)

Textbausteindatei auf Festplatte speichern

Schritt	Was müssen Sie tun?	Erläuterung
1	Alt d	= Datei
2	l Speichern anklicken	= Schließen Word speichert die Textbausteine automatisch in der Dokumentvorlage

Hinweis: Damit die Textbausteine allen Dokumenten zugänglich sind, werden sie standardmäßig in der Dokumentvorlage *Normal* gespeichert. Wie Textbausteine bestimmten Dokumentvorlagen zugeordnet werden, können Sie den Hilfe-Themen entnehmen.

38 Tabellenfunktion / Diagramm erstellen

In Word ist ein kleines Tabellenkalkulationsprogramm – die Tabellenfunktion – integriert. Die Tabelle besteht aus Zeilen und Spalten, sie ergeben einzelne Felder. Jedes Feld kann einen Text, eine Zahl, eine Formel oder eine Grafik aufnehmen. Für das Formatieren jedes einzelnen Feldes stehen die gleichen Möglichkeiten zur Verfügung wie für das Formatieren einer Textseite.

Erstellen einer Tabelle

Schritt	Was müssen Sie tun?	Erläuterung
1	Cursor an Tabellen-Position im Text setzen	Tabelle wird an der Cursor-Position eingefügt
2	[Alt] [i] [l] [a] [i] Spaltenanzahl eingeben: 4 [Alt] [n] Zeilenanzahl eingeben: 5 [↵]	= Tabelle einfügen Tabelle mit 4 Spalten und 5 Zeilen wird eingefügt
3	Feldinhalte erfassen (Feld vor = [Tab]; Feld zurück = [Shift] [Tab])	

	Januar	Februar	März
PC	25.860	22.340	19.520
Notebook	23.420	21.180	20.770
Tablet	14.130	10.970	11.360
Software	12.780	15.610	12.890

Hinweis: Die Zahlen müssen ohne Leerzeichen erfasst oder durch einen Punkt gegliedert werden.

Erstellen eines Diagramms

Schritt	Was müssen Sie tun?	Erläuterung
1	Mit linker Maustaste anklicken: [Einfügen] [Diagramm] [OK]	Es erscheint ein Tabellenfenster und ein Diagramm.
2	Feldinhalte erfassen (aus Tabelle – siehe oben)	
3	Tabellenfenster schließen Anklicken: [X]	Markiertes Diagramm kann im Dokument durch Ziehen mit der Maus an den Markierungspunkten vergrößert oder verkleinert werden. Markierungsrahmen entfernen: Außerhalb des Markierungsrahmens linke Maustaste betätigen.

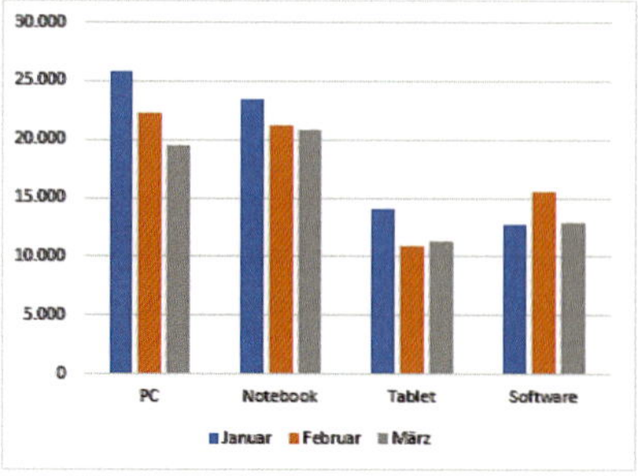

Der Brief mit Tabelle und Diagramm

Der Leiter der Niederlassung in Lüneburg, Herr Vollbrecht, erstellt für die Geschäftsleitung in Wolfenbüttel mit dem PC einen Umsatzbericht für das 1. Quartal 20 . .

Briefmuster Format A4
Form A

PRINT & CO. KG
Fachvertrieb für Bürobedarf und Computerzubehör

.
.
.
Print & Co. KG, Postfach 16 57, 21306 Lüneburg
Print & Co. KG
Geschäftsleitung
Postfach 13 63
38283 Wolfenbüttel
.
.

Ihr Zeichen:
Ihre Nachricht vom:
Unser Zeichen: vb
Unsere Nachricht vom:

Name: Bernd Vollbrecht
Telefon: 04131 4034-221
Telefax: 04131 4034-0
E-Mail: vollbrecht@printco-wvd.de

Datum: 05.04.20..

.
.
Umsatzbericht für das 1. Quartal 20..
.
.
Sehr geehrte Frau Stein,
.
im 1. Quartal erzielten wir einen Gesamtumsatz in Höhe von 210.830 EUR; er gliedert sich wie folgt:
.

	Januar	Februar	März
PC	25.860	22.340	19.520
Notebook	23.420	21.180	20.770
Tablet	14.130	10.970	11.360
Software	12.780	15.610	12.890

.

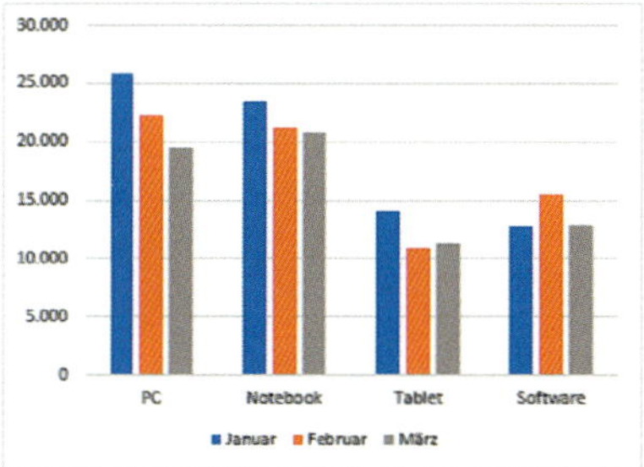

.
Die Umsatzschwankungen bei den Tablets und bei der Software bewegen sich im üblichen Rahmen. Den Umsatzrückgang bei den PCs führen wir auf die verstärkte Nachfrage nach Systemen der unteren Preisgruppe zurück. Wir sollten daher erwägen, auch eine preisgünstige Economy-Serie anzubieten.
.
Mit freundlichem Gruß
.
.
.
Bernd Vollbrecht

Grafiken machen den Text anschaulich – Winword bietet folgende Möglichkeiten:

- Erstellen einer Grafik mit dem integrierten Zeichenprogramm MS-Draw
- Erzeugen von Schrifteffekten mit dem integrierten Programm MS-WordArt
- Erstellen eines Diagramms mit dem integrierten Programm MS-Graph
- Erstellen einer Formel mit dem integrierten Formel-Editor
- Einfügen einer Grafik aus dem Windows-Zubehör-Programm Paintbrush
- Importieren einer Grafik aus anderen Anwendungsprogrammen

Grafik erstellen und in den Text einfügen

Schritt	Was müssen Sie tun?	Erläuterung
1	Cursor an die Textposition setzen, an der die Grafik eingefügt werden soll	Grafik wird an der Cursor-Position eingefügt
2	Mit linker Maustaste anklicken: Einfügen Formen Neuer Zeichenbereich 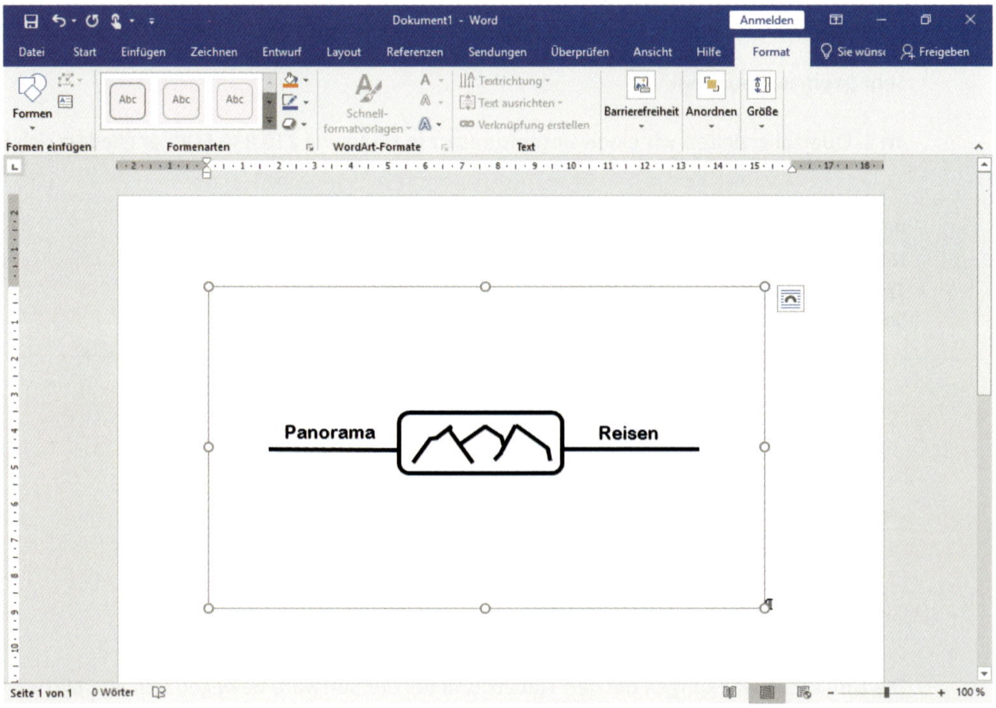	
3	Mithilfe der Zeichenutensilien die Zeich nung erstellen	Durch Anklicken des Symbols mit der linken Maustaste wird das entsprechende Hilfsmittel aktiviert
4	Zeichnungssymbolleiste ausblenden: Mit linker Maustaste außerhalb der Grafik in das Dokument klicken	Zeichnung bleibt im Dokument erhalten

Aufgabe: Entwerfen Sie als Mitarbeiter von Print & Co. das Firmenzeichen für das neu eröffnete Reisebüro „Panorama Reisen" und drucken Sie es aus.

MS WordArt: Schrift mit Spezialeffekt in den Text einfügen

Schritt	Was müssen Sie tun?	Erläuterung
1	Cursor an die Textposition setzen, an der die besondere Schrift eingefügt werden soll	Schrift mit Spezialeffekt wird an der Cursor-Position eingefügt
2	Alt i w	= Einfügen = WordArt . .
	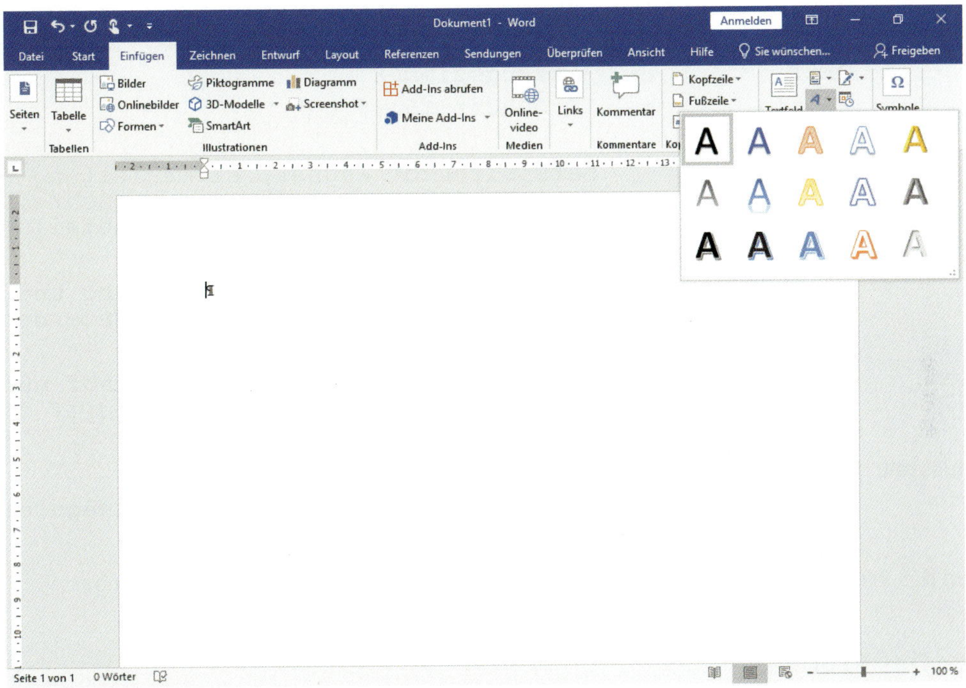 Schriftstil anklicken	
3	Schriftart und Schriftgrad wählen – anschl. Text eingeben und mit OK bestätigen	
	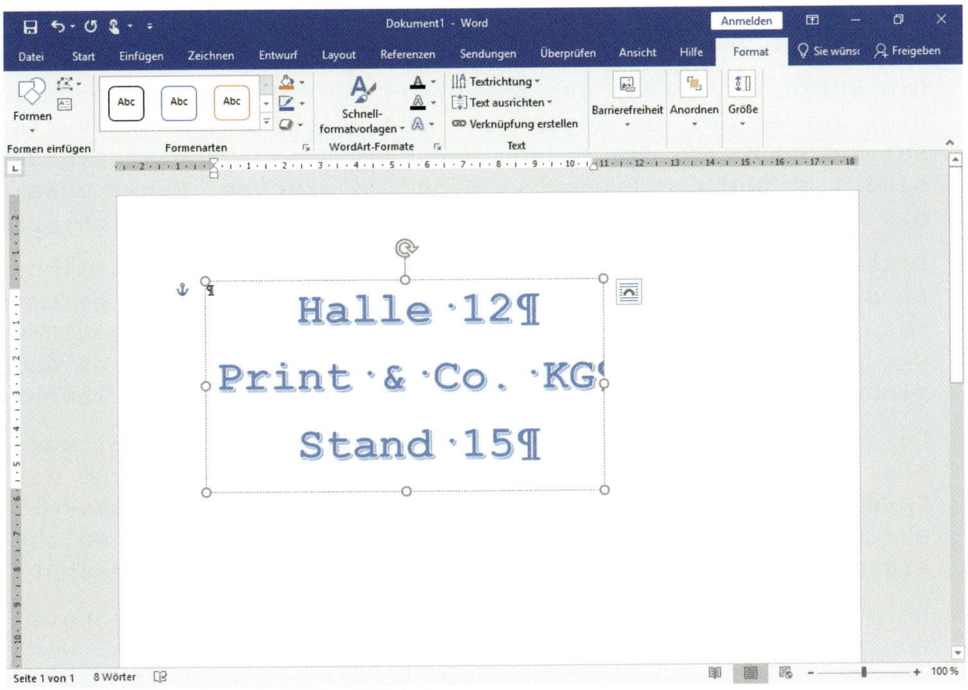	

Aufgabe: Mit einem Aufkleber auf allen ausgehenden Sendungen werben wir zusätzlich zum Besuch unseres diesjährigen Messestandes in Halle 12, Stand 15. Entwerfen Sie den Aufkleber mit WordArt.

Das Protokoll

Das Protokoll ist eine „förmliche Niederschrift, ein Tagungs-, Sitzungs-, Verhandlungsbericht". Für den Aufbau des Protokolls, den Protokollrahmen und den Protokollschluss gibt die DIN 5008 Empfehlungen, wobei die Regeln für das Beschriften von Geschäftsbriefen und Manuskripten jedoch sinngemäß angewendet werden.

Der Protokollrahmen gliedert sich in drei Teile, den

Kopfteil:

Protokoll

über die Besprechung der Unternehmensleitung am 20..-03-20

Ort:	Sitzungszimmer
Zeit:	15:00 Uhr-15:45 Uhr
Teilnehmer:	Herr Direktor Wagner, Firmenleitung (Vorsitz) Frau Blumenberg, Leiterin des Schreibdienstes Herr Rademann, Leiter der DV-Abteilung
Tagesordnung:	Entwicklung der Textverarbeitung und der Datenverarbeitung in unserem Unternehmen

Textteil: Sachlicher und neutraler Bericht über den Verlauf und die Ergebnisse

Schlussteil: Ort, Datum
Unterschrift des Protokollführers und des Sitzungsleiters
Anlagen- und Verteilvermerke

Arten des Protokolls – Die Protokollarten sind im folgenden Übungstext beschrieben.

Anschl. je Block	Das Protokoll	Gesamt-anschl.
63	Das Protokoll ist eine Niederschrift über den Verlauf oder	63
124	über das Ergebnis einer Verhandlung, einer Sitzung, einer	124
187	Tagung oder einer Besprechung. Es wird vom Protokollführer	187
249	und vom Sitzungsleiter unterschrieben. Die Richtigkeit des	249
310	Protokolls muss stets von den Beteiligten anerkannt werden.	311
65	Die kürzeste Art ist das Ergebnis- oder Beschlussprotokoll;	376
127	hier werden nur die Ergebnisse und Beschlüsse festgehalten.	438
190	Auf welche Weise die Ergebnisse oder Beschlüsse entstanden	501
251	sind, ist aus dem Protokoll nicht zu ersehen. Daher müssen	562
311	die Entscheidungen vollständig und unmissverständlich sein.	623
62	Das Kurzprotokoll beschränkt sich nur auf das Wesentliche.	685
124	Es stellt aber auch dar, wie es zu den Ergebnissen gekommen	747
187	ist. Wichtige Beiträge von einzelnen Diskussionsteilnehmern	810
248	werden in knapper Form wiedergegeben. Manchmal ist es auch	871
309	sinnvoll, einen Sachverhalt oder das Ergebnis zu erläutern.	933
62	Das ausführliche Protokoll gibt den Verlauf einer Sitzung	995
124	oder Verhandlung in Einzelheiten wieder. Die Beiträge der	1057
184	Sprecher werden teilweise sogar wörtlich in das Protokoll	1117
243	aufgenommen. Damit man später nachvollziehen kann, welche	1176
302	Argumente von wem stammen, werden auch die Namen genannt.	1236
61	Beim wörtlichen Protokoll werden der Beitrag des Redners	1297
123	und auch die Zwischenrufe Wort für Wort aufgenommen. Wenn	1359
181	ein Satz stilistisch nichteinwandfrei ist, gibt ihn der	1417
243	Protokollant in einer sprachlich richtigen Form wieder. Er	1479
300	darf jedoch nicht den Inhalt verändern oder verfälschen.	1536

Musterprotokoll

Bei der Print & Co. KG findet eine Besprechung über die Entwicklung der Textverarbeitung und der Datenverarbeitung im Unternehmen statt. Frau Blumenberg führt das Protokoll, Herr Wagner unterschreibt es als Vorsitzender.

Protokoll

über die Besprechung der Unternehmensleitung am 20..-03-20

Ort:	Sitzungszimmer
Zeit:	15:00 Uhr - 15:45 Uhr
Teilnehmer:	Herr Direktor Wagner, Firmenleitung (Vorsitz) Frau Blumenberg, Leiterin des Schreibdienstes Herr Rademann, Leiter der DV-Abteilung
Tagesordnung:	Entwicklung der Textverarbeitung und der Datenverarbeitung in unserem Unternehmen

Herr Wagner eröffnet die Besprechung. Er bittet, ihm einen allgemeinen Überblick über die derzeitige Situation in den Bereichen Textverarbeitung und Datenverarbeitung zu geben.

Frau Blumenberg berichtet, dass im zentralen Schreibdienst sechs Mitarbeiterinnen tätig sind. Alle Arbeitsplätze wurden vor drei Jahren mit vernetzten PCs ausgestattet.

Herr Rademann weist darauf hin, dass die Lagerhaltung und das gesamte Rechnungswesen über die Mehrplatzanlage der mittleren Datentechnik abgewickelt werden; die Auftragsplanung wird seit einem halben Jahr mit PCs durchgeführt.

Herr Wagner gibt zu bedenken, dass die unterschiedlichen Systeme miteinander nicht kompatibel sind. Gleiche Daten müssen oft sowohl mit dem einen als auch mit dem anderen System erfasst werden. Außerdem gibt es Schwierigkeiten in der Kommunikation, da nicht jeder Mitarbeiter auf die zentralen Daten zugreifen kann. Es muss eine Lösung gefunden werden, die diese Probleme ausschließt.

Nach Ansicht von Herrn Rademann gibt es nur zwei Möglichkeiten: Entweder man beschafft eine neue, entsprechend groß dimensionierte Mehrplatzanlage, die alle Arbeitsplätze zentral versorgen kann, oder man rüstet jeden Arbeitsplatz mit einem PC aus.

Frau Blumenberg plädiert für vernetzte PCs, auch Herr Rademann kann sich eine vernetzte PC-Lösung vorstellen, da die neuen Geräte sehr leistungsfähig sind.
Herr Wagner bedankt sich für die Ausführungen. Er bittet Frau Blumenberg und Herrn Rademann, sich in den kommenden Wochen über vernetzte PC-Lösungen zu informieren und ihm dann zu berichten.

Nürnberg, 20..-03-20

•
•
•

Protokollführerin Vorsitzender

E-Mail

E-Mails sind ein sehr schnelles und besonders kostengünstiges Nachrichtenmittel; daher werden sie auch zunehmend als Ersatz für den Geschäftsbrief verwendet.
Anschrift, Verteiler und Betreff sind vorgegebene Zeilen des E-Mail-Kopfes. Im Feld Anschrift wird die E-Mail-Adresse des Empfängers eingetragen, das Feld Verteiler nimmt die E-Mail-Adressen der Empfänger einer Kopie auf, im Feld Betreff wird stichwortartig über den Inhalt der E-Mail informiert.
Die Anrede ist bei E-Mails als Geschäftsbriefersatz ein fester Bestandteil. Sie beginnt an der Fluchtlinie und wird durch eine Leerzeile vom Text abgesetzt.
Der Text wird mit einfachem Zeilenabstand als Fließtext ohne Worttrennungen erfasst, zwischen Absätzen steht eine Leerzeile. Zur weiteren Gliederung gelten die gleichen Regeln wie für Geschäftsbriefe.
Der Abschluss einer E-Mail enthält den Gruß sowie Kommunikations- und Firmenangaben. Zwingend sollte er auch die E-Mail und/oder Internet-Adresse enthalten. Seit Anfang 2007 sind gesellschaftsrechtliche Angaben wie bei gedruckten Briefen auch bei E-Mails zu verwenden.
Wichtige Mitteilungen sollten durch digitale Signatur und/oder verschlüsseltes Übertragen gegen unberechtigtes Lesen und Verändern geschützt werden.

Senden

An... verk@abc-elektro.de

Cc...

Betreff: Schaufenster-Werbung

Sehr geehrter Herr Kannegießer,

in der nächsten Woche werden wir unsere Schaufenster neu dekorieren. Da Ihre Produkte von den Kunden sehr gut bewertet werden, möchten wir diese besonders herausstellen.

Ist es Ihnen möglich, uns bei der Konzeption sowie mit Werbematerial zu unterstützen?

Freundliche Grüße

Print & Co. KG

Ute Stein

Telefon: 05331 5166-234
Telefax: 05331 5166-230
E-Mail: werb@printco.de
Internet: http://www.printco.de

Postanschrift: Postfach 13 63, 38229 Wolfenbüttel
Hausanschrift: Harzstr. 22, 38300 Wolfenbüttel
Geschäftsführerin: Ute Stein
Handelsregister: Amtsgericht Wolfenbüttel, HRB 1299

Aufgabe: Beantworten Sie die Nachricht von Frau Stein mit folgender E-Mail:

Betreff:	Ihre Schaufenster-Werbung
Anrede:	Sehr geehrte Frau Stein,
Text:	wir freuen uns, dass Sie unsere Produkte in Ihrem Schaufenster besonders hervorheben wollen. Selbstverständlich werden wir Sie bei Ihren Bemühungen unterstützen. Frau Fuchs, die Sie ja bereits kennen, wird sich mit Ihnen umgehend in Verbindung setzen.
Abschluss:	Freundliche Grüße ABC-Elektronik KG i. V. Gerd Kannengießer Telefon: 069 6520-260 Telefax: 069 6520-263 Internet: http://www.abc-elektro.de

Wichtige Schreibregeln nach DIN 5008

Schriftzeichen für Wörter

Prozentzeichen	2 % Skonto	5 1/2 % Zinsen	40%ig = 40-prozentig
Promille	0,8 o/oo	1,9 o/oo	2 o/oo Provision
Paragrafzeichen	§ 9 EStG	§§ 38 und 44 HGB	§§ 854-856 BGB
Zeichen für „bis"	Größen 38 - 42	08:10-12:50 Uhr	von 08:10 bis 12:50 Uhr
Zeichen für „Zoll"	Diskette 3 1/2"	5 1/4"-Laufwerk	
Zeichen für „geboren"	* 1923-10-14		
Zeichen für „gestorben"	† 1987-03-18		
Verhältniszeichen	Maßstab 1 : 200 000	Mischungsverhältnis 2 : 5	
Zeichen für „und"	Fischer & Co. OHG	Befestigungstechnik GmbH & Co. KG	
Klammern ( )	Schüler(in)	Zeitwort (Verb)	
[ ] < >	Art déco, (Kunst[gewerbe]stil)	Boom [bu:m], der; <engl.>	
Zeichen für „gegen"	Klage Friedrichs ./. Neukirchen		
Anführungszeichen	1 Aktenschrank "Rollflex", Eiche 300 cm x 200 cm x 80 cm		

Wörter

Abkürzungen	z. B. i. A.	bzw. usw.	m OHG
Ableitungen und Zusammensetzungen	32stel	1976er	18-jährig
Kopplung und Aneinanderreihung	Dortmund-Ems-Kanal	A4-Format	12-Zylinder-Motor
Ergänzungsbindestrich	Hoch- und Tiefstellung	Textbearbeitung und	-verarbeitung

Zahlen, Zahlengliederungen

Kalenderdaten	2007-08-02	2. August 2007	02.08.2007
Zeitangaben	04:35 Uhr	15:30 Uhr	16:28:45 Uhr
Einfache Zahlen	3000 Stück	50 000 km	16 000 000 t
Geldbeträge	6.345,80 EUR	28.790 $	13.450.820 €
Dezimalzahlen	1.928,50 €	7,30 m	0,008 kg
Grundrechenarten	16 + 12 = 28 28 - 11 = 17	18 · 5 = 90 48 : 3 = 16	a . b = ab 3 m x 4 m = 12 m²
Ordnungszahlen	1. Runde	3. Satz	47. Woche
Postfachnummern	4 36	5 49 37	42 36 54
Telefonnummern	26732	05321 82495	030 363150-214
Telefaxnummern	Fax 154236	Fax 089 233465	Fax 05522 1763
Bankleitzahlen	BLZ 268 900 19	BLZ 478 400 65	BLZ 259 400 32
Postleitzahlen	30419 Hannover	38640 Goslar	87527 Sonthofen

Hervorhebungen

Einrücken	Bei 2,5 cm bis Zeilenende – vor und nach der Einrückung je eine Leerzeile
Anführungszeichen	Kein Leerzeichen vor und nach den von ihnen eingeschlossenen Textteilen. – Mit Textverarbeitungsprogrammen kann das öffnende Anführungszeichen auch unten erzeugt werden.
Großbuchstaben	Verwenden Sie den Umschaltfeststeller bzw. die Taste Caps Lock.
Wechsel der Schriftart	Verwenden Sie in einem Text nicht mehr als zwei Schriftarten.
Wechsel der Schriftgröße	Verwenden Sie auf einer Seite nicht mehr als drei Schriftgrößen.
Fettschrift	Besonders gut geeignet für Überschriften – in Briefen sparsam verwenden
Zentrieren	Der Text wird in den Schreibraum eingemittet (zentriert).

Befehl	Symbol	Tastenkombination
Datei neu		
Datei öffnen		Strg + o
Datei speichern		Strg + s
Datei speichern unter . . .		F12
Drucken des aktuellen Dokuments		Strg + p
Rechtschreibung		F7
Ausschneiden in Zwischenspeicher		Shift + Entf
Kopieren in Zwischenspeicher		Strg + c
Einfügen aus Zwischenspeicher		Shift + Einfg
Rückgängig (letzter Befehl)		Strg + z
Wiederherstellen		Strg + y
Tabelle einfügen		
Excel-Tabelle einfügen		
Spalten		
Zoom einstellen		Strg + F2
Fettschrift	F	Shift + Strg + f
Kursivschrift	K	Shift + Strg + k
Unterstreichen	U	Shift + Strg + u
Doppelt unterstreichen		Shift + Strg + d
Kapitälchen		Shift + Strg + q
Verborgen		Shift + Strg + h
Hochgestellt		Strg + +
Tiefgestellt		Strg + #
Standard		Strg + Leertaste
Linksbündig		Strg + l
Zentriert		Strg + e
Rechtsbündig		Strg + r
Blocksatz		Strg + b
Markieren erweitern		F8
Neue Zeile		Shift + ↵
Neuer Absatz		↵
Neue Seite		Strg + ↵
Geschütztes Leerzeichen		Strg + Shift + Leertaste
Geschützter Bindestrich		Strg + Shift + –
Trennvorschlag		Strg + –

Bildquellenverzeichnis

Brauner, Angelika, Hohenpeißenberg: 7.1, 7.2, 7.3, 7.5, 39.3, 40.2, 41.2, 42.1.
Microsoft Deutschland GmbH, München: 9.1, 9.4, 12.3, 12.3, 12.3, 13.2, 13.3, 31.1, 34.2, 35.2, 36.4, 36.4, 37.4, 37.4, 49.1, 49.2, 49.3, 49.4, 49.5, 73.2, 73.3, 73.4, 82.2, 82.2, 83.1, 83.2, 88.1, 88.2, 88.3, 88.4, 88.5, 88.6, 88.7, 88.8, 88.9, 88.10, 88.11, 88.12, 88.13, 88.14, 88.15, 88.16, 88.17, 88.18, 88.19, 88.20, 88.21
Nadine Dilly Photography, Oberhausen: 8.1.
stock.adobe.com, Dublin: far700 Titel; yotto 7.4.

Wir arbeiten sehr sorgfältig daran, für alle verwendeten Abbildungen die Rechteinhaberinnen und Rechteinhaber zu ermitteln. Sollte uns dies im Einzelfall nicht vollständig gelungen sein, werden berechtigte Ansprüche selbstverständlich im Rahmen der üblichen Vereinbarungen abgegolten.